태권도
철학·원리 집요

● 조성훈 지음

태권도 철학·원리 집요

초판발행	2013년 10월 25일
글 쓴 이	조성훈
발 행 인	문상필
편집디자인	김환희
표지디자인	이한솔

펴 낸 곳	주식회사 애니빅
주 소	서울특별시 영등포구 경인로 82길 3-4, 1118호
	(문래동 1가, 센터플러스)
대표전화	02-2164-3840
팩 스	02-6209-7749
홈페이지	www.anibig.com
이 메 일	0221643840@hanmail.net
출판등록	제318-3180000251002008000010호

| 가격 25,000원

| ISBN 978-89-97617-57-9   03110

ⓒ 저작권은 작가에게 있습니다. 작가와 합의해 인지는 생략합니다.
* 잘못 만들어진 책은 구입하신 서점에서 교환해 드립니다.

태권도
철학·원리 집요

● 조성훈 지음

태권도 철학이란 무엇인가?

이 책은 태권도에 대한 기본 개념들과 원리들을 지금까지 연구된 여러 서적을 고찰하여 종합하고 정리한 것이다. 태권도에 대한 책이나 논문들은 많지만, 많은 책들이 서로 인용 근거도 밝히지 않고 베껴 쓰면서 글의 양을 부풀렸다. 하지만 그보다 더 큰 문제점은 그 내용이 논리적으로 맞지도 않고, 때로는 그럴듯한 말일지라도 태권도의 현실과 동떨어져 있다는 점이다. 따라서 여러 태권도에 대한 문헌들 중에서도 본 연구자가 볼 때 설득력 있고 참신한 내용들을 발췌하여서 인용하였다.

머리말

  이 책은 태권도에 대한 기본 개념들과 원리들을 지금까지 연구된 여러 서적들을 고찰하여 종합하고 정리한 것이다. 이러한 책을 저술하기로 마음먹은 계기는 태권도에 대한 여러 책들을 읽으면서 때로는 흥미도 느꼈지만 더 많은 경우에 실망했기 때문이다.

  태권도에 대한 책이나 논문들은 많지만, 많은 책들이 서로 인용 근거도 밝히지 않고 베껴 쓰면서 글의 양을 부풀렸다. 하지만 그보다 더 큰 문제점은 그 내용이 논리적으로 맞지도 않고, 때로는 그럴듯한 말일지라도 태권도의 현실과 동떨어져 있다는 점이다. 따라서 여러 태권도에 대한 문헌들 중에서도 본 연구자가 볼 때 설득력 있고 참신한 내용들을 발췌하여서 인용하였다.

  그러므로 이 책에는 기존에 없던 새로운 이론이나 생각이 들어 있지는 않다. 대신에 군대에서 태권도 교관 활동을 하면서 가르치고 수련할 때 느꼈던 것, 그리고 확인했던 내용들을 체계적으로 정리하였다. 특히 태권도계에서는 학자들이 쓴 논문에서조차도 조금만 어려운 내용이 있으면 거의 다루지 않는 문제점을 극복하고자 하였다. 그리하여 태권도 연구자들의 여러 저술들 중에서 논리적으로 설득력 있고 경험적으로 잘 맞는 내용들을 포괄적으로 정리하였다.

이 책에 인용된 많은 태권도 그림들의 저작권을 구입하는 데에 상당한 어려움이 있었다. 저작권과 지적 재산권의 개념이 확산되는 오늘날, 꼭 필요한 그림들의 저작권을 구입하기 위하여 원 저작자와 가격을 합의하느라고 조금 시간이 걸렸다. 이런 경험이 매우 낯설었지만 이것도 필자에게는 좋은 경험이 되었다.

이 책에서는 글 속에서 태권도에 대한 학술연구에 권위있는 문헌 중에서 특히 자주 인용하는 책들을 축약해서 언급할 것이다. 그 목록은 다음과 같다.

국기원의 2급과 3급 태권도 지도자 연수 교재의 내용을 언급할 때에는 단순히 "〈국기원〉"이라고 표시하겠다. 물론 뒤쪽에서 각주로 정확한 인용 근거를 표시할 것이다. 국기원에서 발행한 WTA 태권도 기본교재를 언급할 때에는 ≪태권도기본교재≫라고 표시할 것이다. 이창후의 저작들도 자주 언급될 텐데, 특히 다음의 세 문헌들은 각각 ≪원리≫, ≪삼재강유론≫, ≪심경≫으로 약칭될 것이다.

이창후(2000), 『태권도의 철학적 원리』, 서울: 지성사

이창후(2003), 『태권도의 삼재강유론』, 상아기획

이창후(2007), 『태권도심경』, 상아기획

    이것은 다른 분야에서의 학술적 연구에서 관례적으로 사용되는 방식을 따른 것일 뿐이다.

    필자가 전문적으로 글을 쓰는 사람이 아니라서 이 원고를 쓰는 데에 많은 시간이 걸렸다. 특히 최근에 국기원에서 이루어진 많은 연구들은 새롭고 발전적인 것이 많아서 그 내용을 공부하고 반영하느라고 나름대로 어려움이 컸다.

    이 책의 내용에 특별히 대단한 것은 없을지라도, 표절과 무(無)논리로 점철된 태권도에 대한 연구관행에 경종을 울리는 계기가 되고 이후 발전의 디딤돌이 될 수 있다면 저자로서 만족스럽겠다.

2013년 10월

조성훈

〈차례〉

머리말 · 5

I. 태권도의 본질론
    1. 태권도와 철학 · 13
        1) 철학과 태권도 철학 · 13
        2) 태권도 철학 정립 요건 · 15
        3) 태권도 철학의 내용과 범위 · 17
    2. 태권도의 본질 · 20
        1) 태권도의 본질 · 20
        2) 무술 · 무예 · 무도 · 23
        3) 태권도의 3국면적 본질 · 25

II. 태권도 원리론
    1. 태권도와 철학적 원리 · 29
        1) 원리의 속성에 대한 이해 · 29
        2) 태권도 원리에 대한 잘못된 이해 · 31
        3) 태권도 원리와 한국 사상 · 33
    2. 태권도 원리의 내용 · 36
        1) 원리의 필요성 · 36
        2) 〈도(道)〉와 일원론적 태권도 원리 · 38
        3) 태권도 원리의 기본 구조 · 41
        4) 일기예의 원리 · 46
        5) 삼재와 강유 · 54
        6) 음양/강유/허실의 원리 · 63
        7) 강유 기법의 요소들 · 71
        8) 태권도 원리체계의 종합 · 81
    3. 태권도와 전쟁의 원리 · 85
        1) 전쟁과 전투/격투 원리 · 85
        2) 손자병법과 전쟁론 · 87

III. 태권도 정신론
    1. 태권도 정신 · 93
        1) 태권도정신 개념에 대한 고찰 · 93

2) 태권도의 정신성·96
     2. 태권도의 정신체계·100
         1) 태권도 정신체계의 형식과 내용·100
         2) 태권도 정신의 마음·102
         3) 태권도 기법의 정신·106
         4) 태권도 수련의 정신·109
     3. 태권도 정신체계의 특징·113

 IV. 태권도 기법론
     1. 태권도 기법의 본질과 무도성·117
         1) 무도(武道)로서의 태권도·117
         2) 태권도의 무도적 실전성·119
     2. 태권도 기법의 원리적 이해·121
         1) 기법 사용의 마음·121
         2) 강유의 결합·123
         3) 거리·기세·균형·126
         4) 삼재와 일기예·130
         5) 태권도 기법의 팔괘 분류·135
     3. 태권도 기법 원리 각론·151
         1) 움직임의 원리·152
         2) 발차기의 원리·155
         3) 주먹지르기의 원리·158
         4) 발놀림의 원리·159
         5) 꺽기와 풀기의 원리·162

 V. 태권도 수련론
     1. 태권도 수련의 이해·167
         1) 태권도 수련의 의미·167
         2) 태권도 수련의 원리·169
     2. 기본 기법 수련의 원리·176
         1) 일기예의 원리·176

3. 품새의 이해와 수련 · 180
　　1) 품새의 정의와 이해 기준 · 180
　　2) 품새 구성의 원리 · 183
　　3) 품새 수련의 원리 · 185
4. 겨루기의 이해와 수련 원리 · 190
　　1) 겨루기의 정의와 이해 기준 · 190
　　2) 겨루기의 원리 · 192
　　3) 겨루기 수련의 원리 · 197
　　4) 겨루기 수련의 구분 · 203

VI. 태권도 형이상학

1. 태권도의 철학적 이해 · 209
　　1) 태권도의 구조적 이해 · 209
　　2) 태권도의 일원론적 이해 · 211
　　3) 하나의 〈태권도〉와 형이상학의 필요성 · 213
　　4) 태권도학(跆拳道學)의 체계 · 216
2. 태권도와 한철학 · 220
　　1) 태권도 정신과 전통철학 · 220
　　2) 삼원철학의 형이상학적 근거 · 223
　　3) 하늘・땅・사람의 삼재(三才) · 224
　　4) 도(道)・역(易)・법(法)과 태권도 원리 · 226
3. 태권도와 성리학 · 229
　　1) 성리학의 이론적 구조 · 229
　　2) 퇴계・율곡의 수양론과 태권도의 정신 · 232
　　3) 퇴계의 ≪성학십도≫ 개괄 · 237
　　4) 삼재강유도와 태극도 · 239
　　5) 태권도와 사단칠정론 · 242
4. 태권도와 불교철학 · 243
　　1) 불교 철학의 기본 이해 · 243
　　2) 불교와 태권도의 철학적 비교 · 247

〈참고 문헌〉· 253

I. 태권도의 본질론

1. 태권도와 철학

1) 철학과 태권도 철학

2) 태권도 철학 정립 요건

3) 태권도 철학의 내용과 범위

2. 태권도의 본질

1) 태권도의 본질

2) 무술·무예·무도

3) 태권도의 3국면적 본질

태권도 철학·원리 집요
跆拳道哲學·原理 輯要

I. 태권도의 본질론

1. 태권도와 철학

1) 철학과 태권도 철학

여러 철학자들의 논의들에 기초해서 결론지을 수 있는 철학의 올바른 이해는 다음과 같다.

첫째, 철학은 비판적인(critical) 사고활동으로서 지식(혹은 학문)에 대한 반성(혹은 비판)을 수행한다. 특히 그 지식은 인간이 가진 믿음(belief)이므로, 철학은 우리가 믿고 생각하는 전반에 대한 비판적 활동이다.

둘째, 철학은 비록 경험으로 다가갈 수 없더라도 이성으로 다가갈 수 있는 한 그 범위를 확장한다. 그리고 이성으로써 이해하고 반성할 수 있는 내용만 포함되어야 한다. 윤리나 종교적인 부분들까지 포함하더라도 '이성'이 철학의 영역이어야 한다.

셋째, 철학이 비판적 학문이라는 것은 곧 철학적 주제에 대한 토론과 논쟁이 철학활동의 핵심이자 본질임을 말한다. 즉 철학에서는 타인의 주장에 대해서 잘못된 점을 비판하고 자신의 주장이 더 옳다고 주장하는 논쟁이, 합리적이고 이성적인 설득을 통해서 진행되는 한 바람직한 것이 된다.

이 모든 것을 정리해서 말하자면 철학이란 "인간 활동에 대한 비판적 반성"이라고 할 수 있다.(태권도기본교재, 2012, 22쪽)

표 1.1.1. 철학에 대한 올바른 이해

구분	철학에 대한 올바른 이해
철학이란?	인간활동에 대한 비판적 반성: 학문에 대한 방법론
(1)	비판적 사고활동으로서의 지식에 대한 반성
(2)	이성으로 다가갈 수 있는 영역에 대한 학문
(3)	철학적 주제에 대한 토론과 논쟁활동 및 그 결과

그렇다면 태권도 철학이란 무엇인가? 철학이란 인간활동에 대한 비판적 반성이므로 '태권도'라는 인간활동에 대한 비판적 반성이 곧 태권도 철학이라고 할 수 있다. 이것을 표로 정리하면 다음과 같다.(태권도기본교재, 2012, 35쪽)

표 1.1.2. 철학과 태권도 철학

구분	의미	탐구 대상	추구대상	결과
철학	'문젯거리'에 대한 비판적 이해이며 근본적인 개념으로부터의 이해	인간이 관심 가질 수 있는 모든 것.	눈이 보이지 않는 형이상학적 진리	논리학, 인식론, 윤리학
태권도 철학	'태권도'에 대한 비판적 이해이며 근본적인 개념으로부터의 이해	태권도와 관련된 모든 것.		기법원리, 수련원리, 정신원리

2) 태권도 철학 정립 요건

태권도 철학의 정립 방법에 대해서는 ≪철학적 원리≫의 서문과 태권도기본교재(2012)에서 제시되었으며 그 내용은 다음의 표와 같이 3단계로 설명할 수 있다.(태권도기본교재, 2012, 40~41쪽)

표 1.1.3. 태권도 철학의 정립 요건

태권도 철학의 정립	내 용
1) 태권도 자체에 대한 이해	태권도 철학은 태권도 자체에 대한 비판적 반성임. 태권도 철학을 정립하기 위한 필요불가결의 요소.
2) 태권도의 철학 원리 규명	원리를 규명해낸다는 것은 개념적으로 태권도를 이해한다는 것. 그리고 그것을 정확하게 개념적으로 대상화한다는 것.

3) 여러 철학 사상의 관련 연구	철학적 원리들을 설명할 말을 찾으면서 기존의 철학사상의 내용들 중에서 적절한 것을 빌려 오거나 새로운 철학적 개념을 개발하는 것.

한편 이상의 단계로 구체화된 태권도 철학이 올바른지 그른지를 판단할 수 있는 기준에 대해서도 여러 학자들이 논의를 하였다. 태권도기본교재(2012)에 따르면 그 기준은 다음과 같은 세 가지로 구성된다.

표 1.1.4. 태권도 철학의 검증 기준

검증 기준	내 용
1) 정체성 조건	태권도 철학의 무도 이론의 정체성을 확보하는 내용으로 구성되어야 한다는 것.
2) 포괄성 조건	태권도 철학의 내용이 풍부해야 한다는 것.
3) 생산성 조건	태권도 철학이 생산적이어야 한다는 것.

첫째, 정체성 조건이란 태권도 철학의 이론이 다른 이론의 부산물이나 부분이 아니라, 독자적인 영역을 확보하는 이론으로서 무도 이론의 정체성을 확보하는 내용으로 구성되어야 한다는 것이다.

둘째, 포괄성 조건이란 태권도 철학의 내용이 풍부해야 한다는 것을 의미한다. 태권도의 모든 분야에 대해서 필요한 논의들을 다제공할 수 있을 만큼 되어야 하는 것이다.

셋째, 생산성 조건이란 태권도 철학이 생산적이어야 한다는 것을 말한다. 태권도 철학을 연구함으로 인해서 다른 분야에서 해결하지 못한 문제들에 대한 해답을 얻을 수 있거나 그럴 여지가 있어야 한다. 그리하여 기본적으로는 태권도 철학에서 태권도인들이 진정으로 문제 삼는 것들에 대한 해답이 주어질 수 있어야 한다. 혹은 그런 해답을 찾는 데에 도움이 되는 기본 논의들이 포함되어야 한다.(태권도기본교재, 2012, 41~42쪽)

3) 태권도 철학의 내용과 범위

그렇다면 태권도 철학의 내용은 어떻게 될 것인가? 태권도기본교재(2012)에 따르면 그 내용은 다음과 같이 정리하여 말할 수 있다.(태권도기본교재, 2012, 45쪽)

표 1.1.5. 태권도 철학의 내용

태권도 철학의 내용	구체적인 논의 내용
1) 태권도 자체	태권도의 본질. 상대를 제압하기 위한 공방의 기법, 독특한 격투기법의 체계.
2) 기법을 위한 요소들	태권도 기법을 위해 필수적으로 필요한 요소들: 태권도 정신, 수련, 원리, 품새, 겨루기, 격파, 예의 등.

3) 태권도와 관련된 모든 것	태권도의 본질과 그 필수 요소들(태권도 문화)에 영향을 주는 모든 것들. 즉 인간사의 모든 것.

첫째, 태권도 자체는 격투기법, 즉 상대를 제압하기 위한 공방의 기법일 뿐이다. 여기에 추가적인 허위나 수식이 필요하지 않다. 태권도는 독특한 격투기법의 체계로서 존재한다. 이것이 태권도의 실체이다.

둘째, 이러한 격투기법으로서의 태권도를 위해서 기법을 위한 여러 요소들이 요구된다. 그것은 크게 정신, 기법, 수련의 체계로 대별되며, 품새, 겨루기, 격파 등이 그 세부 요소들이 된다.

셋째, 이와 같이 태권도의 본질과 이것을 위한 3대 범주의 요소(정신, 기법, 수련)을 중심으로 추가적인 여러 것들이 태권도에 부가되며 그 정체성을 이룬다. 여기에는 태권도의 본질과 그 필수 요소들(태권도 문화)에 영향을 주는 모든 것들, 즉 인간사의 모든 것이 포함된다.

이 중에서 첫 번째 내용인 '태권도 자체 = 공방의 기법'인데 이 것이 태권도 철학의 중심에 자리 잡아야 한다. 그리고 그 주변에 두 번째 내용, 즉 태권도 기법을 위해 필요한 요소들에 대한 논의가 놓여진다. 나머지 것들은 모두 세 번째의 내용이 될 것이다. 그러므로 세 번째 내용이 가장 많은 논의를 포함한다. 이 부분에서 태권도 철학은 다른 여러 철학들과 논의를 공유하고, 지식을 결합할 수 있다.

이 관계를 그림으로 표현하면 다음과 같다.(태권도기본교재, 2012, 43쪽)

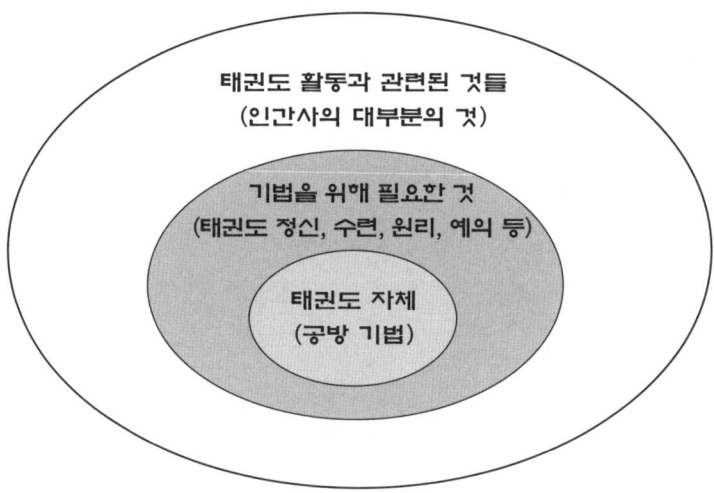

그림 1. 태권도 철학의 내용

2. 태권도의 본질

1) 태권도의 본질

태권도의 본질 문제는 곧 "태권도란 무엇인가?"라는 문제이다. 태권도의 본질에 대한 정의는 많은 연구자들이 시도하였다. 그 내용을 표로 정리하면 다음과 같다.(태권도기본교재, 2012, 16쪽)

표 1.2.1. 태권도의 다양한 정의

발표자	연도	태권도의 정의
최홍희	1959	태권도는 누구나 할 수 있고 아무 데서나 할 수 있다. 뿐만 아니라 태권도는 값진 장구가 필요치 않고 많은 시간을 요하지 않는다. 더군다나 개인이나 여럿이 할 수 있고, 한 사범이 많은 사람을 지도할 수 있다.
	1976	태권도는 몸에 아무것도 갖지 않고 다만 신체의 손과 발을 잘 단련하여 언제 어디서 어떠한 상대가 무엇을 갖고 어떻게 공격해 오더라도 능히 자신을 보호할 수 있는 자신력과 기술에다 고도의 정신수양을 겸한 무술이다.
	1983*	태권도를 글자로 풀이하면 태(跆)는 발로 뛰고 차고 밟는다는 뜻이고 권(拳)은 주먹으로 찌르고 혹은 부신다는 뜻이며 도(道)는 옛 성현들이 포장한 올바른 길 즉 정신수양을 말함인데 이를 총괄적으로 말하자면 맨손과 발로 호신을 위해 뛰고 차고 찌르고 막고 피하는 등의 동작들을 움직이는 목표에 재빨리 그리고 적절히 적용하여 최대의 타격을 주는 기술에다 정신수양을 포함한 무도인 것이다.

발표자	연도	태권도의 정의
이원국	1968	태권은 적수공권으로 사용할 수 있는 신체 모든 부분 특히 수족을 조직적으로 단련하여 무기와도 같은 위력을 발휘, 일격일축으로 불시에 적을 쓰러뜨릴 수 있게 수련된 호신술이며, 전신을 상하, 전후, 좌우로 균등하게 합리적으로 움직여서 평상시 많이 사용하지 않는 근육을 충분히 사용하기 때문에 수족의 발달이 어느 한 쪽으로만 치우칠 우려가 전혀 없는 극히 이상적인 체육이다.
정찬모	1975	태권도란 아무런 무기나 호구도 갖지 않고 발로 뛰고, 차고, 상대방의 공격을 피하고, 손 또는 주먹으로 지르고, 찌르고, 때리고, 막는 기술에 심신을 연마함으로써 인간다운 길을 걸어가도록 하는 운동이다.
김경지 나봉순 이은송	1984	태권도란 손과 발, 그리고 전신을 움직여 몸의 힘을 위력과 기술로 연결시키는 운동으로 신체를 강건하게 하고 심신수련을 통해 인격을 도야하며 기술단련을 통해 타인의 공격으로부터 자기의 몸을 방어하는 운동이다. 태권도를 글자로 풀이하면 태(跆)는 '발로 찬다'는 뜻이요, 권(拳)은 주먹을 의미하며, 도(道)는 '인간다운 길', '무도의 길', '수련방법'을 의미한다.
김철	1986	태권도란 건전한 인격형성의 목적 달성을 위하여 인체의 중요 부위를 단련 무기화시킴으로써 신체를 종합적으로 강화시켜 나가는 동적인 무예이다.
김석련	1988	태권도란 인간 생존의식의 육체적 표현인 동시에 정신적 욕구를 구체화하려는 체육적 활동이라 하겠다. 또한 가장 빠른 시간에 가장 적은 힘으로써 상대를 제압하려는 것이 곧 태권도라고 할 수 있다.
신창화	1993*	광의의 태권도는 인류가 하는 모든 "비무장 전투 기술"을 의미한다고 볼 수 있으며, 협의의 태권도는 한국에서 고래로 전해 오는 "택견"의 근대화된 형태에서 "비무장 전투기술"에 "고정 이데올로기"를 가한 "특수 교육 체계"이다.

발표자	연도	태권도의 정의
김영선	1995*	태권도란 건전한 인격 형성을 목적으로 무기를 쓰지 않는 (맨손) 격투기 형식의 한국적 운동이다. 또는 폭을 넓혀서 정의하면 태권도는 교육적인 의미를 지닌 신체운동(체육)이며 발차기를 위주로 하는 호신적 무예스포츠이며 인격완성을 추구하는 무도(武道)이다.
안용규	1998	태권도는 손과 발의 기술 체계를 습득함으로써 심신의 조화와 개선을 이루어 인간다운 길을 걸어가도록 도와주는 운동이다.
이창후	2000	자신과 상대와의 극단적인 생존의 대립관계를 세상 안에 설정하거나 가정하고 정신적·육체적 활동을 통해 그 대립관계를 극복하는 가운데 인간의 조화된 성장과 개선을 지향하는 활동양식이다.
이경명	2002	태권도는 "인간적인, 너무도 인간적인 몸짓이다." 태권도 자구(字句)는 태권과 도의 만남에서 명명(命名)되고, 그것은 다시 '태'자와 '권'자의 합성에 '도'자의 모둠이다. 자구적 풀이는 밟을 跆 자와 주먹 拳 자. 그리고 길 道 자로 '셋을 모아 하나'를 이루고 있다.
송형석 이규형	2005	**사실적 정의** : 한국 무술(싸움기술, 투기)로서, 무기를 사용하지 않고, 떨어져서 겨루며, 타격방식의 발기술 위주로 이루어진 기예 / **규범적 정의** : 태권도를 인간의 길, 기술의 길, 수행의 길, 세 가지로 정의

*자료참조 : 위 도표의 내용은 송형석과 이규형(2005)의 논문에 나온 내용들을 정리(성명 옆에 별표 참조)하고, 또 다른 연구자들이 내린 태권도의 정의를 조사하여 추가한 것이다.

2) 무술·무예·무도

〈국기원〉에 따르면 먼저 태권도를 이해하는 세 가지 차원으로서 무술·무예·무도의 차원이 있으며 다음의 표와 같다.

표 1.2.2. 무술, 무예, 무도의 개념

(국기원, 2011; 태권도기본교재, 2012, 84쪽)

근원	개념	의미	이해 차원
태권도	무술	상대를 제압하고 쓰러 뜨리는 기술.	기술의 차원. 사람이 단순히 원하는 목적을 얻는 수단의 개념.
	무예	사람이 무술을 함에 있어 그 마음과 혼을 신기를 예술과 같이 하여 몸과 마음을 가지런히 함을 얻는 것.	예술의 차원. 사람의 활동 중 그 활동 자체가 목적이 되는 개념.
	무도	무예에 더하여 그 안에서 궁극적 진리에 이르고 또한 〈도〉를 실현함.	〈도〉의 차원. 사람의 활동 중에서 그 활동 속에서 무한한 깨달음을 얻는 것.

〈국기원〉에서는 다음과 같이 말한다.

무술이란 태권도를 기술의 차원에서 이해하는 것이다. 기술이란 사람이 원하는 목적을 얻는 수단이다. 이런 관점에서 이해된 태권도는 '상대를 제압하고 쓰러뜨리는 기술'에 다름 아니다.

무예란 무술을 예술의 차원으로 이해하는 것이다. 예술이란 사람의 활동 중에서 그 활동 자체가 목적이 되는 것을 가리킨다. 그림, 음악 등이 예술의 대표적인 분야이다. 그중에서 그림을 예로 들면, 단지 사물의 형상을 기록하기 위해 그리는 것은 예술이 아니다. 예술로서의 그림은 그리는 그 자체를 목적으로 삼는다. 이런 무예의 관점에서 파악한 태권도란, 사람이 무술을 함에 있어 그 마음과 혼을 싣기를 예술과 같이 하여 몸과 마음을 가지런히 함을 얻는 것을 가리킨다.

무도란 〈도〉의 차원에서 무술을 이해하는 것이다. 〈도〉의 차원이란 궁극의 진리의 차원이다. 그것은 일종의 종교성까지도 포함할 수 있는 것으로서, 이런 관점에서의 기술이란 사람의 활동 중에서 그 활동 속에서 무한한 깨달음을 얻는 것을 의미한다. 무도의 관점에서 파악된 태권도는 무예에 더하여 그 안에서 궁극적 진리에 이르고 또한 〈도〉를 실현하는 활동이 된다.(국기원, 2011)

태권도기본교재(2012)에 따르면, 이러한 〈태권도〉 및 〈도〉에 대한 이해는 삼원론적이기도 하고 삼위일체적이기도 하다.(84쪽) 이러한 〈태권도〉에 대한 이해는 무예 혹은 무도에 대한 우리의 전통적인 관념에 잘 일치하며, 더 나아가서 그러한 통념을 학술적으로 보다 엄밀하게 정의하려는 시도로서 의미가 있다.

3) 태권도의 3국면적 본질

〈국기원〉에서는 말하기를, "태권도의 체계는 정신, 기법, 수련의 3가지 분야로 나누어서 생각할 수 있다"고 하였다. "정신 속에서 수련과 기법을 일치시키면 기법은 완성된다. 이것은 기법에서의 완성이며 곧 인중천지일[人中天地一][1]이다."(《삼재강유론》, 2부6장)

"물론 실제적인 태권도는 정신과 기법, 수련의 삼위일체가 하나로 융합되어야 완전해진다. 이에 따라서 태권도의 원리는 3원적인 내용으로 구성된다."(국기원, 2011)

표 1.2.3. 태권도의 체계 - 태권도의 3국면 (국기원, 2011)

태권도	의미	구체적인 예
정신	기법을 다스리기 위한 내적 태도	마음을 쓰는 것, 내면적 힘
기법	상대를 제압하는 직접적인 움직임들	기본기법, 차기 기법, 지르기 기법
수련	기법을 수련하는 방법적 틀	기본수련, 품새 수련, 겨루기 수련

"태권도에 대한 3국면적 이해는 삼재 개념을 거시적인 차원에서 적용하는 것이다."(이창후, 2007a) 태권도에 대한 이러한 3국면적

---

1. 『天符經』, "人中天地一".

이해는 다음의 세 장점을 가지고 있다.

첫째, 태권도에 대한 3국면적 이해는 태권도와 태권도의 목적에 대한 진정한 통찰, 혹은 깊이 있는 통찰을 제공한다.

둘째, 태권도의 중요한 모습들을 포괄적으로 파악할 수 있도록 해 준다.

셋째, 태권도에 대한 우리의 중요 개념들이 서로 어떻게 필연적인 관계 속에서 연관되는지를 설명해 준다.(이창후, 2007a)

표 1.2.4. 관점에 따른 수련, 기법, 정신의 구조

태권도	의미	이해하는 입장
수련, 기법, 정신	수련이 충분한 속에서 기법을 배울 때 정신적 요소를 잊으면 안 된다.	태권도를 배우는 입장
정신, 수련, 기법	정신적 토대 위에서 수련을 지속하면서 기법에 초점을 맞춰야 한다.	태권도를 가르치는 입장
기법, 정신, 수련	기법이 숙달된 상태에서 정신을 가다듬으며 수련을 지속해야 한다.	정신수양을 하는 입장

II. 태권도 원리론

1. 태권도와 철학적 원리
  1) 원리의 속성에 대한 이해
  2) 태권도 원리에 대한 잘못된 이해
  3) 태권도 원리와 한국 사상

2. 태권도 원리의 내용
  1) 원리의 필요성
  2) 〈도(道)〉와 일원론적 태권도 원리
  3) 태권도 원리의 기본 구조
  4) 일기예의 원리
  5) 삼재와 강유
  6) 음양/강유/허실의 원리
  7) 강유 기법의 요소들
  8) 태권도 원리체계의 종합

3. 태권도와 전쟁의 원리
  1) 전쟁과 전투/격투 원리
  2) 손자병법과 전쟁론
  3) 전투와 격투의 사상

태권도 철학·원리 집요
跆拳道哲學·原理 輯要

II. 태권도 원리론

1. 태권도와 철학적 원리

1) 원리의 속성에 대한 이해

〈국기원〉에서 이르기를, "원리(原理)란 무엇인가? 원리는 일종의 법칙이다. 법칙이란 모든 것에 대하여 적용된다는 말이다."라고 하였다. 이러한 원리의 특징들을 〈국기원〉에서는 다음과 같이 3가지로 정리하였다.

표 2.1.1. 원리의 특징

원리의 특징	의미	예
법칙성	모든 것에 적용된다.	수요와 공급의 법칙은 모든 경제 현상에 적용된다.

근본성	법칙들 중에서 근본적인 것들이다.	헌법을 포함한 모든 법칙의 근본은 자유민주주의 원리이다.
불변성	원리는 불변한다.	진화의 원리는 불변한다.

한편 원리의 이와 같은 성격을 태권도기본교재(2012)에서는 더 상세히 논의하여 다음과 같이 정리하였다.

표 2.1.2. 원리의 특징 종합 정리 (태권도기본교재, 2012, 48쪽)

원리의 특징	하부 개념	의미
법칙성	보편성	모든 것에 보편적으로 적용된다.
	형식성	생각과 활동의 틀이다.
	추상성	논리적인 개념들의 관계이다.
근본성	최소성	근본적인 원리는 간결하고 간단하다. 숫자도 적다.
	포괄성	근본적인 원리들은 모든 것을 포괄해야 한다. 예외가 적다.
	논리성	근본적인 원리들은 서로 앞뒤가 맞아야 한다.
불변성	가치성	변화하는 것보다 불변하는 것이 더 가치 있다.
	인식성	변화하지 않고 있는 것을 더 잘 이해할 수 있다.
	활용성	원리가 불변해야 그 원리를 따라서 문제를 해결할 수 있다.

2) 태권도 원리에 대한 잘못된 이해

〈국기원〉은 태권도원리에 대한 오해 및 잘못된 연구에 대해서 다음과 같이 지적한다.

⟨1⟩ 태권도 원리에 대한 기존의 논의는 체육원리를 응용함으로써 발전해 왔다. 하지만 체육원리가 곧 태권도 원리라고 생각해서는 안 된다.

⟨2⟩ 태권도의 원리는 신체적 운동이면서도 그것은 나와 똑같이 피와 살을 가진 사람인 상대를 제압하는 활동이다. 거기에서 체육원리와는 다른 엄청난 차이가 생겨난다.

⟨3⟩ 태권도가 피와 살을 가진 생명체이면서도 나와 유사한 인간과의 치열한 상호관계 속에 있기 때문에 태권도의 원리에는 필연적으로 정신성이 매우 중요하게 된다.

⟨4⟩ 태권도와 단순한 체육활동의 차이는 정신성과 기법성에서 가장 크다. 살아있는 인간의 급소를 공격하고 상대의 고통을 유발하며 나의 고통을 참아야 하기 때문이다.

태권도기본교재(2012)의 지적에 따르면, 지금까지의 태권도학의 체계는 많은 경우 체육학의 단순한 변형으로 구성되는 경우가 많았다. "그리하여 『체육원리』를 조금 수정하여 『태권도원리』

로 만들고, 『체육역학』을 조금 수정하여 『태권도역학』을 만들었다. 더 나아가서 전반적으로 체육을 이해하는 데 필요한 과목들만을 가지고 태권도학의 체계를 만들게 되었다. 그리고 그 '체육'이란 서양의 '스포츠' 이상의 것이 아니었다. 그러다 보니 스포츠와는 다른 무도(武道)로서의 태권도의 본질은 날이 갈수록 스포츠의 틀 안에서 이해되었고, 중요한 학문적 특징들이 망각되었다. 결과적으로 태권도의 가치 자체가 왜곡되었다. 오늘날 "태권도는 단순한 스포츠에 그치는 것이 아니라 '무도'이다."라고 외치지만 그것이 말로만 끝나고 여러 대학 태권도학과에서 연구의 발전을 이루지 못하는 까닭이 여기에 있다."(태권도기본교재, 2012, 160쪽) 〈국기원〉에서 태권도원리에 대한 오해 및 잘못된 연구에 대해서 강조하는 까닭이 이와 같다.

그러므로 다음의 결론이 도출된다.

〈1〉 태권도에서는 태권도인이 자신의 신체활동을 제어하는 것 이상의 정신성을 요구한다.

〈2〉 태권도에서의 인성이 매우 중요하게 된다.(국기원, 2011)

이런 잘못된 이해를 막기 위한 방안으로서 정석현(2010)은 태권도 원리의 연구방법 및 연구 원칙들을 다음과 같이 다섯 가지로 제시하였다.(태권도기본교재, 2012, 49~50쪽)

제1원칙: 경험의 일반화를 통해서 원리를 도출해야 한다.

제2원칙: 태권도 원리란 인간의 의식과 동작을 지배하는 법칙이다.

제3원칙: 원리들은 논리적으로 적합하도록 잘 정의되어야 한다.

제4원칙: 태권도 원리들은 최적화되어야 한다.

제5원칙: 태권도원리들은 한국의 문화사상과 연관되어야 한다.

3) 태권도 원리와 한국 사상

태권도기본교재(2012)에서 말하기를 "태권도는 그 무술적 정체성부터 매우 한국적인 문화특성을 가지고 있다."고 강조하였다. (52쪽) 또한 다음과 같이 말한다.

상대를 제압하는 격투기법으로서의 태권도의 원리가 객관적이고, 자연법칙처럼 스스로 존재하는 것이지만, 그것을 표현하는 방법은 문화와 관점에 따라서 다르게 될 수 있다. 이런 까닭에 한국의 고유무예인 태권도와 그 원리를 해석하는 방식은 한국의 전통사상에 우선하여 근거하는 것이 적절하다.(태권도기본교재, 2012, 52쪽)

정석현(2011)은 "태권도 원리에 한국의 문화사상이 연관되도록 연구하기 위해서는 구체적으로 어떻게 해야만 하는가?"라는 문제에 대해 논의를 하면서 다음의 세 가지 주장을 하였다.(정석현, 2011, 71~72쪽)

첫째, 한국적인 사고방식을 원리 규정에 적용해야 한다.
둘째, 한국적인 가치관을 태권도 원리에 반영해야 한다.
셋째, 한국적인 문화요소들로 태권도 원리를 기술해야 한다.

《삼재강유론》에 따르면 삼재(三才)라고도 불리는 천지인(天地人)에 대한 논의는 중국 철학 어디에서도 체계적으로 이루어지고 있지 않다. 오직 〈천부경(天符經)〉과 〈삼일신고〉 등의 한국 철학의 문헌에서만 나타난다.(2장2절3편, 각주 23) 김부찬(2006)에 따르면 한국의 전통무예 속에는 삼원(三元)의 체계가 주류를 이루고 있다.(김부찬, 2006, 116쪽). 예만기(2006)에 따르면 삼원철학은 모든 만물이 하나에서 비롯되어 세 갈래, 천지인(天地人)으로 나누어진다는 천부경(天符經)에 그 바탕을 둔 한국 고유의 조화철학이다. 그러므로 태권도기본교재(2012)에서 이르기를 "한국문화의 원형 개념이라고도 할 수 있는 천지인(天地人) 삼원 사상, 혹은 삼재 사상을 태권도 원리를 정식화하는 것은 우선적으로 필요하고 적절하게 요구된다."고 하였다.(54쪽)

이런 점에서 삼재론에 입각한 태권도 철학은 태권도의 한국문화적 정체성을 실현하는 중요한 방법이다. 실제로 정근표(2011)에 따르면 태권도 철학에 대한 지금까지의 태권도학자들의 논의의 가장 중요한 결론은 다음과 같다.

하늘·땅·사람의 삼재(三才)가 중심 개념이어야 한다는 것, 즉 삼재론(三才論), 혹은 삼원(三元)철학이 태권도 철학의 중심에 있어야 한다.

정근표(2011)에 따르면 태권도 철학의 핵심은 천부경을 근간으로 하는 천지인(天地人)의 삼원(三元)철학이어야 한다는 주장은 다음과 같이 최소한 세 가지 이유로 설득력이 있다.

첫째, 삼원철학, 혹은 삼재론이 우리 민족의 고유한 사상체계를 대변하는 철학사상이고,
둘째, 지금까지 국기원을 중심으로 공식적으로 표방된 태권도 정신철학의 중심이 이와 일치하며
셋째, 현재의 거의 모든 태권도학자가 이런 입장에 합의하고 있기 때문이다.(태권도기본교재, 2012, 55쪽)

2. 태권도 원리의 내용

1) 원리의 필요성

　기법에는 원리가 필요하다. ≪심경≫에서는 말하기를 "올바른 기법은 원리에 기초해야 한다. 원리에 근거해야 세상의 힘을 빌어 상대를 제압할 수 있다."(4장7절)라고 하였다.
　〈국기원〉에 따르면 원리가 필요한 세 가지 이유는 다음과 같다.
　　첫째는 공방의 효율성이 극단적인 생존의 대립관계에서 발휘되어야 하기 때문이다. ≪원리≫에서는 말하기를, "자신과 상대와의 극단적인 생존의 대립관계를 세상 안에 설정하거나 가정하고 정신적·육체적 활동을 통해 그 대립관계를 극복하는 가운데 인간의 조화된 성장과 개선을 지향하는 활동양식을 '태권도'라고 한다."(4장)라고 하였다.
　　둘째, 〈국기원〉에 따르면 어떤 상대를 만나더라도 상대를 제압하려 적절히 무예의 기법을 사용할 수 있으려면 공방의 효율성이 원리에 의해서 보장받아야 한다.
　　셋째는 지금까지 효율적인 공방의 몸짓을 할 수 없었던 사람이 미래의 행위에서 공방의 효율성을 성취해야 하기 때문에 공방의 효율성은 원리에 의해서 보장받아야 한다.

이상의 내용은 다음의 표와 같이 정리된다.

표 2.2.1. 기법의 원리가 필요한 이유 (국기원, 2011)

핵심	필요성의 이유	구체적 예	문제점
절실성	극단적인 생존의 대립관계에서 발휘되는 태권도 기법이 효과적으로 작동해야만 한다.	강도가 흉기를 들고 나의 목숨을 위협하는 것과 같은 상황	극단적인 상황이 흔하지 않다.
보편성	어떤 상대를 만나더라도 무예의 기법을 사용하여 상대를 제압할 수 있어야 한다.	태권도를 써야 하는 순간에 제압해야 하는 상대는 대체로 지금까지 겨뤄보지 않은 낯선 상대이다.	어떤 상대라도 제압해야만 한다.
영구성	지금까지 효율적인 공방의 몸짓을 할 수 없었던 사람이 미래의 행위에서 공방의 효율성을 성취해야 한다.	몸이 허약하고 힘이 없어서 연약한 여자도 이기지 못하는 사람이 무예를 수련함으로써 나중에는 힘센 남자도 제압할 수 있어야 한다.	긴 시간의 힘든 수련의 성과에 대한 확신이 필요하다.

그러므로 ≪심경≫에서는 다음과 같이 말하였다.

    태권도의 신비한 힘은

    근육의 힘이 아니라

    그 기법의 정확성에서 얻어지며

    기법의 정확성은

원리의 구현을 통해서 얻어지고

원리의 구현은

이해를 통해서만 얻을 수 있으며

이해한 원리는

수련으로 체화해야만 쓸 수 있다.(5장41절)

이 구절은 수련, 이해, 원리, 기법의 연관관계를 단순하면서도 명확하게 밝히고 있다.

2)〈도(道)〉와 일원론적 태권도 원리

태권도는 그 안에 〈도(道)〉를 포함한다. 더 나아가서 태권도는 〈도(道)〉이다. 그렇다면 〈도(道)〉란 무엇인가?

〈국기원〉에서 이르기를, "〈도〉란 무엇인가? 그것은 하나이면서 포괄적인 원리이다. 〈도〉란 만물을 그렇게 만물로서 있게 하는 것, 곧 만물을 꿰뚫는 이치이다."라고 하였다. 유사하게 ≪원리≫에서도 말하기를 "〈도〉란 만물을 그렇게 만물로서 있게 하는 것, 곧 만물을 꿰뚫는 이치이다. 자연적으로 주어진 만물의 그러그러함을 하나로 꿰뚫는 원리가 바로 〈도〉인 것이다."(1장)이라 하였다.

〈국기원〉에서는 〈도〉의 특징을 다음의 표로 제시하였다.

표 2.2.2. 도(道)의 특징 (국기원, 2011)

〈도〉의 특징	상세한 의미
〈도〉의 정의	만물을 꿰뚫는 이치
〈도〉의 일관성	만물을 꿰뚫으므로 그것은 하나로 통한다.
〈도〉의 단일성	모든 것을 꿰뚫으므로 하나이다.
〈도〉의 통일성	모든 〈도〉는 같은 것의 다른 모습일 뿐이다.
〈도〉의 실용성	〈도〉는 알고 활용할 수 있는 길(방법)이다.

〈도〉와 태권도는 어떻게 연결되는가?

≪원리≫에서는 다음과 같이 말하였다. "무릇 사람이 생겨남에 있어서 그 몸과 마음을 가지고 나는 것은 필연적인데, 그 몸과 마음을 한가지로 씀에 있어서는, 사람이 있기 전부터 만물을 다스려 온 원리를 따르지 않고는 바르게 쓸 수 없다. 사람이 몸과 마음을 한가지로 조화롭게 써서 삶을 살아가는 이런 바른 길을 선인이 가리켜 '〈태권도〉'라 하였다."(1장)

〈국기원〉에 따르면 "〈도〉가 적용되지 않는 것이 있다면 그것은 인간이 인위적으로 만들어낸 거짓에서만 그러하다." 그리하여 온갖 부조리에서 〈도〉가 적용되지 않는다. 이를 가리켜서 "도리(道理)가 없다."고 한다. 원래 존재하는 것, 인간이 손대지 않은 것에는 이런 일이 생겨나지 않는다. 마찬가지로, ≪원리≫에서도 말하기를 "태권도에 거짓은 있을 수 없는 것이다. 그렇게 태권도 안에서 사람은 자연에 그대로 맞닿음으로써 세상을 알고 인간의 삶을 거짓 없이 인식한다."(8장)라고 하였다.

또한, 다음과 같이 말하였다.

그러므로 모든 〈도〉는 같은 진리의 다른 모습일 뿐이다. 태권도의 〈도〉인 〈태권도〉 역시 그러하다. 예를 들어서 음양, 사상, 팔괘의 〈도〉는 만물에 적용된다. 그 적용의 내용을 설명한 것이 곧 『주역』의 내용이다. 주역의 64괘로 만상(萬象)을 설명하며 이로써 인간세의 모두를 통찰한다. 이것이 일이관지하는 하나의 진리의 모습이다. 〈도〉가 모든 것을 꿰뚫으므로 그것은 일관성이 있으며 동시에 단일하다. 하나뿐인 것이다.(국기원, 2011)

이와 같은 "〈도〉는 일종의 길이다."(국기원, 2011) 더 정확히 말하자면 "사람들이 그것을 따라가고 활용하여 도움을 얻을 수 있는 실용적 진리이다."(국기원, 2011) 진정한 〈도〉란 그와 같이 사람들이 도움을 얻고 삶이 그 〈도〉를 통해서 더 풍부해지는 등의 이익을 가져와야만 한다. 우리가 아무렇게다니는 것이 아니라 길을 따라 다닐 때에 더 유익한 점이 많듯이 말이다.

3) 태권도 원리의 기본 구조

〈국기원〉의 내용을 정리하여 태권도기본교재(2012)에서 이르기를, "태권도의 철학적 원리 체계는 다음과 같이 요약될 수 있다"고 하였다.(82쪽)

표 2.2.3. 태권도의 철학적 원리 체계

원리론의 전개 구조	각 원리론의 제목	내용
1) 원리의 중심	일원론적 태권도 원리	태권도의 〈도〉는 하나이다.
2) 하나와 여럿의 매개	삼원론/삼재론적 태권도 원리	무술·무예·무도의 삼위일체
3) 다양한 원리의 출발점	음양/강유/ 허실의 원리	하나의 도는 세 측면에서 이분화된다.
4) 다양성 속의 조화	도-역-법과 태권도 원리	다양한 대립 속에 하나의 〈도〉가 있다.

태권도의 원리는 '일원론적 원리'이다. 〈도〉와 관련해서 〈국기원〉에서 이르기를, "〈도〉가 모든 것을 일이관지(一以貫之)하여 꿰뚫고 있으므로 그것은 하나일 수밖에 없다. 하나가 아닌 〈도〉는 모든 것을 꿰뚫을 수 없는 것이다."라고 하였다. 한편 ≪원리≫에서는 말하기를, "태권도의 궁극의 모습은 단순한 한 가지 기예요,

단순한 한 가지 마음이며, 단순한 한 가지 실재이다. 이 한 가지 모습 안에 수많은 극단이 숨어 있다."고 하였다.(6장) 그러므로 단순하지만 그 안에서 많은 내용이 설명된다.

더욱 실질적인 측면에서 〈국기원〉에서는 "인간의 모든 활동 분야는 단 하나의 분명한 목적성을 가지고 있다. 태권도 역시 그러하다. 태권도의 모든 원리는 이러한 태권도의 단순한 목적성에서 생겨난다."고 하였다. 그리하여 "태권도는 태권도의 본질인, 상대를 제압하고 나를 보호하기 위한 격투기법 이상의 것에 대해서 말하지 않는다. 그리고 그 안에서 모든 정신적인 요소와 가치들이 생겨남을 인식한다."(국기원, 2011)

박준석(2004)에 따르면 삼재강유도는 하나의 궁극적 기예에 해당하는 일기예에서부터 출발하여 다종다양한 무술의 기법들이 서로 어떻게 연관되는지를 보여준다. 또한, 무예의 기법에서 눈에 보이는 요소들과 눈에 보이지 않는 요소들을 분석하는 틀을 마련해 준다.(박준석, 2004, 132쪽)

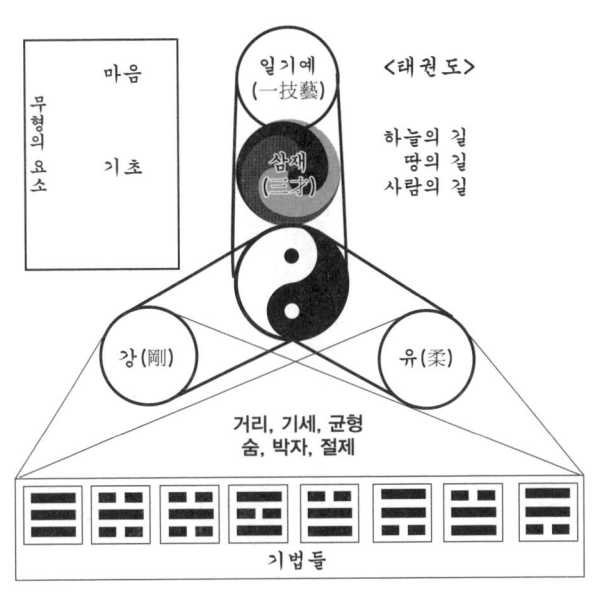

◐ 일기예 : 일기예는 태권도 수련의 궁극적 목적이다. 일기예의 원리, 혹은 형식화된 모습을 가리켜 "〈태권도〉"라 한다.

◐ 삼　재: 삼재는 일기예의 분별된 모습들이다. 삼재는 강유의 기법들을 성공적으로 쓸 수 있도록 하는 토대이다.

◐ 강　유: 강유는 태권도 기법의 두 가지 다른 모습, 혹은 두 가지 분별된 원리이다. 강유를 알아야 태권도의 기법으로 어떻게 강한 상대를 제압할 수 있는지 이해할 수 있다.

◐ 기법들: 기법은 처음에 수련자들이 실질적으로 추구하는 바이다. 기법을 얻지 못하면 〈태권도〉는 태권도일 수 없다. 각각의 기법은 강유의 조합으로 이루어진다.

그림 2. 삼재강유도(三才剛柔圖)

〈국기원〉에 따르면 삼재강유도 내용의 특징으로 다음의 세 가지를 지적하였다.(국기원, 2011)

첫째, 태권도 원리는 다음과 같은 존재론적 구조로 되어 있다. 즉 "〈도〉가 하나로서 만물에 퍼져 있듯이 〈태권도〉 역시 단순한 하나로서 만 가지 변화에 뻗어 있으니, 만 가지 움직임이 그 근본에 있어서 하나요 그 단순한 것이 만 가지로 변화하는 것이다."(《원리》, 6장)

> 하나(일기예)→셋(천지인 삼재)→둘(강기와 유기)→여럿(기법들)

둘째, 태권도는 일기예에서 마음(즉, 태권도 정신)과 연관되고, 삼재에서 기초와 연관되며, 강유에서 공방원리와 연관되며, 기법들에서 상황과 연관된다. 그 논리적 순서와 구조는 다음과 같다.

표 2.2.4. 태권도 원리의 논리적 순서

원리의 단계	상징	실제 요소
일기예	무극(無極)	태권도 정신
삼재	천지인(天地人)	태권도 기초
강유	음양(陰陽)	공방원리
기법들	팔괘(八卦)	상황 요소

셋째, 태권도 원리는 삼재를 중심으로 하는 한사상(한국의 전통사상)과 태권도가 어떻게 일치하는지를 잘 보여준다. 이 일치는 삼재강유론적 정치세계에 의해서 구체적으로 드러난다.

표 2.2.5. 삼재강유론적 정신체계 (국기원, 2011)

구분	태권도 정신			태권도의 기법			태권도 수련		
무극	삶의 안쪽으로의 초월			일기예: 살의(殺意)			초극		
삼재	경(敬)	절제	중용	하늘: 용기	땅: 살핌	사람: 분노	성실	바름	수신
음양	의(義)		예(禮)	강(剛): 집중		유(柔): 따름	기초		응용

이 국기원(2011)의 정신체계는 다음과 같은 특징을 가지고 있다.

첫째, 태권도를 정신과 기법, 수련의 3국면으로 폭넓게 이해하고 있다.

둘째, 태권도의 실체가 기법이므로, 이를 중심으로 정신과 수련의 체계 전 영역에서 어떤 정신자세가 필요한지를 보여주고 있다.

셋째, 태권도의 정신 덕목들이 아무렇게나 나열되는 것이 아니라, '무극·삼재·음양'의 틀에 따라서 체계화되어 제시되어 있다.

4) 일기예의 원리

태권도 원리가 하나에서 시작되므로 태권도의 기법도 하나로 시작하고 하나로 모인다. 곧 〈천부경〉에서 말하는 "하나와 없음이 서로 더불어 비롯함(一始無始一)"과 "하나와 없음이 같은 것으로 끝남(一終無終一)"이 아닐 수 없다.

≪원리≫에서 말하기를 "태권도란 무엇인가? 그것은 하나의 기예(技藝)이다. 태권도는 하나의 기예로 시작하고 하나의 기예 안에서 완성된다. 그 시작과 끝은 같다. 단순한 하나의 기예를 넘어서 태권도란 없다"라고 하였다. ≪삼재강유론≫에서는 말하기를, "태권도의 모든 기법은 강기(剛技)와 유기(柔技)로 대별된다. 하지만 이러한 강기와 유기를 가능하게 하는 〈태권도〉가 있으니 이는 곧 일기예(一技藝)이다."라고 하였다.(2부1장)

≪심경≫에는 다음과 같은 시가 있다.

일기예는 단순하다.

그것은
삼재의 순서를 하나로 합치고
강유의 기법을 뒤집을 뿐이다. (1장6절)

이것은 일기예를 삼재와 강유의 개념으로 압축해서 설명하는 것으로서 일기예, 삼재, 강유의 연관관계를 간결하면서도 정확하게 표현하고 있다.

이에 따르면 일기예는 삼재의 길로 구체화된다. 박준석은 여기서의 삼재의 의미를 다음과 같이 요약하였다.

표 2.2.6. 삼재의 길의 의미 표 (박준석, 2004, 133쪽)

삼재	기법적 의미
하늘의 길	자신의 모든 것이 제 나름의 자리 즉 가장 마땅한 자리에 있어야 한다는 것
땅의 길	상대를 세계와 대립시키고 자신은 그 속에 조화되는 것
사람의 길	항상 자신이 자신인 바를 잃지 않는 것

삼재 개념으로 일기예를 설명하면 이것이 곧 〈인중천지일(人中天地一)〉이다. 이것은 곧 "스스로 하고자 하는 바를 지키는 속에서(사람의 길) 자신의 모든 것을 제 나름의 자리에 두고(하늘의 길) 상대를 세계와 대립시키면서 자신은 그 속에 조화된다(땅의 길)."는 것이다.(《삼재강유론》, 5부7장)

그래서 《심경》에서는 이렇게 노래한다.

정확한 자세는
모든 것을 제 나름의 자리에

둘 수 있는 자세,

상대를 세상과 대립시키고

자신은 그 안에서 편안한 자세,

그리하여

스스로 하고자 하는 바를

놓치지 않는 자세이다.

어떤 자세인가?

세 길을 따르면서도

한쪽으로 치우지지 않아

굳세지도 부드럽지 않고,

그래서 언제든 변할 수 있는 자세이다.

그 자세는 어떤 형태인가?

낮지만 무겁지 않고

웅크리지만 편하며

고르지만 다른 자세이다.

자기 자신을

땀과 고통으로 지워

이 빈 자세를 만든다. [자세](5장3절)

일기예의 움직임은 점, 원, 직선의 3요소와 원·방·각의 3가지 꼴로 분석된다.

〈국기원〉에 따르면, 점, 원, 직선은 태권도 기법 조절의 요소들이다. 즉 태권도 기법 조절의 요소들은 삼재의 틀에 따라서 점, 원, 직선으로 구분되며 그 핵심 내용은 다음의 표와 같다.

표 2.2.7. 태권도의 기법 조절의 요소들: 점, 원, 직선〉

(국기원, 2011; 태권도기본교재, 2012, 85쪽)

삼재	요소	기호	의미	상징
하늘	점	■	무제약성	하늘의 무궁함
땅	원(곡선)	⌐	부드러움	땅의 유순함과 포괄함
사람	직선	—	날카로움	인간 의지의 모남.

점, 원, 직선이 기법 조절의 요소가 된다는 점은 ≪심경≫에서도 볼 수 있다. ≪심경≫ 4장34절에서는 다음과 같은 시로 말한다.

돌려차기 안에
직선이 있다.
휘두르는 발끝의 움직임 안에
무릎의 중심이 있다.

직선을 따라 곧지 못하면

느려지며 둔해지고

발끝에 가려서 무릎으로 찰 줄 모르면

동작이 크나 힘이 없다.

〈국기원〉에 따르면 태권도에서의 점과 원, 직선의 상세한 의미는 다음의 표와 같다.(국기원, 2011)

표 2.2.8. 기법 조절의 요소들의 체계

(국기원, 2011; 태권도기본교재, 2012, 86쪽)

요소	측면		내용	일체
점	■	특징	정확하면서도 무제한적	
		속성	공격과 방어의 효율성을 얻음	
		기준	정확성 + 무소부재(無所不在)	
		이점	모든 시공간적 위치를 정확히 함	
		예	명치 지르기, 인중 지르기, 팔굽치기, 뒤차기 등	
원 (곡선)	⌒	특징	굳세고 빠르며 날카로워 그 서두름이 사람의 의지와 닮았음	변화 무쌍
		속성	스스로의 뜻을 견지함	
		기준	한계와 끝이 함께 있음	
		이점	빠르고 날카로움. 상대의 방어를 뚫어 공격을 성공하게 함	
		예	지르기, 빗차기, 뒤차기, 앞차기, 옆차기 등	
직선	─	특징	부드러우면서도 튼튼함. 거스르지 않음.	
		속성	자신을 세상과 조화시킴	
		기준	유한하나 끝이 없음.	
		이점	끝없이 흐르는 생동적인 움직임	
		예	돌개차기, 뒤후리기 등	

≪원리≫에서 말하기를, "태권도의 바른 움직임이란 점과 직선, 그리고 원을 하나로 포함하는 입체적인 몸의 움직임이다."(45장)이라 하였다. 그러므로 "점, 직선, 원이 하나로 조화된 태권도란 곧 삼재의 길을 바르게 걷는 태권도이니 점, 직선, 원이란 곧 태권도 움직임의 형식 속에 있는 삼재의 다른 모습이다."(≪원리≫, 45장)

〈국기원〉에 따르면 "이러한 점, 원, 직선은 사실상 인간의 모든 움직임에 조금씩 숨어있다. 초점은 그 요소들을 잘 조절하여 기법을 보다 정교하고 효과적이게끔 하는 것이다. 이런 요소들을 총체적으로 활용하면 몸의 움직임은 입체적이게 되고 기법은 변화무쌍하게 된다."(국기원, 2011)

≪삼재강유론≫에서도 말하기를, "움직임 속에서 하늘, 땅, 사람의 삼재는 각각 점, 동그라미, 직선으로 나타난다."(6부10장2절)고 하였다. 그리고 점, 원, 직선은 다음과 같이 원·방·각과 연결된다.

원의 변화를 다스리는 것은 점이다.

방의 모습은 4개 이상의 점들로 구성된다는 데에 있다. 방의 튼튼함을 유지하고 그 변화를 운용함에는 동그라미를 따르며 그 변화를 빠르게 함에서는 직선을 따른다.

각의 의미는 한 점에 다른 모든 것이 모인다는 것이다. 한 점에 다른 것이 모일 때는 직선을 따르기도 하고 동그라미를 따르기도 한다.(≪삼재강유론≫, 6부10장2절)

한편, 〈국기원〉에 따르면, 원·방·각은 일기예의 움직임의 모습이요, 또한 모든 인간 움직임의 모습이다. 원·방·각의 태권도적 의미는 다음과 같은 표로 정리될 수 있다.

표 2.2.9. 원·방·각의 태권도적 의미

삼재	요소	기호	의미	기술적 요구
하늘	원	○	순조로운 변화	두 요소가 떨어져야 한다.
땅	방	□	튼튼한 안정	최소한 세 지점을 지지.
사람	각	△	집중의 모습	마음의 집중

이 중에서 기술적 요구에 대한 ≪삼재강유론≫의 설명은 다음과 같다.

[원] 회전이 기술적으로 요구하는 바는 거리이다. 동그라미가 동그라미로서 굴러갈 수 있기 위해서는 점이 되어서는 안 된다. 왜냐하면, 점은 구를 수 없기 때문이다. 그리하여 동그라미 위의 각 점들은 서로 거리를 두고 있다. 그러므로 상대와 내가 같이 돌고자 할 때는 먼저 상대로부터 어느 정도 떨어져야 한다.

[방] 어떤 것이 쓰러지지 않고 안정되게 서 있기 위해서는 최소한 세 지점을 지지해야만 한다. 그러므로 세모가 안정의 모습이라고 생각할지도 모른다. 하지만 세모는 변화 속에서

안정될 수는 없다. 변화 속에서 안정되기 위해서는 네모가 이루어져야 한다. 왜냐하면 변화에 의해서 네 지점 중 하나를 잃어도 안정되기 위해서 필요한 세 지점을 확보할 수 있기 때문이다.

[각] 이 원리를 따르고자 하는 자체도 곧 마음의 집중이니 이를 통해서 기법 속에서 예리함을 얻는다. 이를 본받아 태권도인은 자신의 마음을 하고자 하는 바에 집중시켜 강기와 유기를 활용한다.(6부10장1절)

이상의 점·선·면, 그리고 원·방·각의 삼재는 태권도 기법을 정확히 지도하고 익히는 데 매우 중요하다. 점·선·면의 개념을 이용해서 공격해야 하는 정확한 지점과 그 지점을 공격하는 정확한 자세 및 방어 기법을 설명하고 교정할 수 있다. 《삼재강유론》에서도 이르기를 원·방·각을 "알면 기법을 쉽고 정교하게 따를 수가 있다."고 하였듯이(6부10장1절) 원·방·각의 삼재는 하나의 기법들이 순간적으로 변화하면서도 그 속에서 공격력을 발휘하는 원리를 역학적으로 설명하고 익히는 데에 도움이 된다.

그런데 일기예의 원리에 대해서 말하면 흔히 제기되는 의문이 있다. 그거는 '어떻게 하나의 기법만으로 상대를 제압할 수 있는가?'하는 것이다.

이에 대해서 《심경》에서는 다음과 같이 말한다. "하나의 기법만으로 모든 상황에서 상대를 제압할 수 있는가를 어떤 사람들이 묻는다. 이것은 잘못된 물음이다. 태권도인들은 먼저, 언제 어떤 상황에서라도 상대를 제압할 수 있는 기법을 하나라도 자신이 갖고 있는가를 물어야 한다."(3장1절) 깊이 고민하면서 태권도 수련을 할수록 마음에 와 닿는 말이다.

5) 삼재와 강유

태권도 기법의 핵심은 상대를 효율적으로 제압하기 위한 공방의 원리이다. 곧 격투기법의 원리이다. 그리고 그것은 곧 삼재와 강유로 요약된다. ≪심경≫에서 말하기를, "훌륭한 기법을 쓴다면 당신은 항상 상대방보다 유리한 위치를 선점할 수 있고, 적은 힘으로 강한 상대를 제압할 수 있어야 한다. 삼재와 강유의 원리는 바로 그것을 말할 뿐이다."(1장4절) 라고 하였다.

≪삼재강유론≫에서는 말하기를, "태권도의 모든 움직임은 삼재와 강유의 원리로 설명할 수 있고, 또한 거꾸로 말해서 삼재와 강유로 설명할 수 있으면 가히 〈태권도〉에 따른다고 할 수 있다." (2부1장)

그렇다면 삼재와 강유란 무엇을 말하는가? ≪심경≫에서는 말하기를, "항상 상대방보다 유리한 위치를 선점할 수 있고, 적은 힘으로 강한 상대를 제압할 수 있어야 한다. 삼재와 강유의 원리는

바로 그것을 말할 뿐이다."(1장 4절)

삼재와 강유의 원리에서 핵심적인 내용의 구조를 서민학(2007)은 다음의 표로 정리하였다.

표 2.2.10. 삼재와 강유의 개념 체계 (서민학, 2007; 국기원, 2011)

개념	내용			개념의 차원
삼재 (三才)	유리한 입장을 선점			핵심 의미
	하늘	땅	사람	개별 상징
	자신의 모든 것이 제 나름의 자리에 있을 것	상대를 세계와 대립시키고 자신은 그 속에 조화될 것	항상 자신이 자신인 바를 잃지 않을 것	원리적 의미
	자세를 낮춤	접근함	제압함	기법적 의미
강유 (剛柔)	상대를 제압할 수 있는 구체적인 이유			핵심 의미
	강(剛)		유(柔)	개별 상징
	집중을 통한 굳셈		따름에 의한 부드러움	
	움츠리기, 낮은 자세, 단련		힘을 빼기, 기법의 연결망, 따라야 할 것과 지켜야 할 것.	원리와 기법
	일치시킬 것		질서를 지킬 것	

필자가 태권도를 지도하면서 확인한바, 이상의 삼재와 강유의 원리는 모든 태권도 기법의 이상적이고 실질적인 도(道)라고 할 수 있다. 삼재강유의 원리를 따름으로써 모든 기법은 효율적인 공방의 기법, 혹은 살상의 기법이 될 수 있다. 반대로 삼재와 강유의

원리에 벗어남으로써 여러 유용하고 효과적인 기법들이 실패하고 효과적이지 않게 된다.

더 나아가서, 삼재강유의 원리는 단순히 태권도의 기법뿐만이 아니라 합기도나 유도, 권투와 레슬링과 같은 다른 모든 격투무예에 적용될 수 있는 절대적이고 보편적인 법칙이다. 이 원리에 따름으로써 다른 무예의 기법들 역시 효과적으로 작동한다. 이 원리와 기법을 정확히 모름으로써 많은 사람이 태권도 기법을 수련하고서도 그것의 가공할 위력을 알지 못한다.

삼재강유의 원리가 이와 같이 중요하므로 서민학(2007)은 표로 개념을 정리하는 방식을 더 확장시켜서 태권도 기법의 원리로서의 삼재의 개념도 상세한 표로 정리하였다.(국기원, 2011; 태권도기본교재, 2012, 67~68쪽) 그것은 다음과 같다.(서민학, 2007)

표 2.2.11. 삼재의 확장된 의미 구조

구분	하늘	땅	사람
존재론	존재의 토대, 혹은 전체	분별되는 것, 대상	분별하는 주체
인식론	무분별	분별	인식
태권도의 의미	모든 것을 제 나름의 자리에 둠	상대를 세상과 대립시키고 나는 그 속에 조화됨	1. 하고자 하는 바를 잃지 않음 2. 자신의 중심 자세로 돌아옴 3. 자신이 자신인 바를 잃지 않음

구분		하늘	땅	사람
태권도 체계 (2부6장)		수련	기법	정신
핵심조건		단련	강유의 기법	일심 (5부2장)
순서	기법	자세를 낮춤	접근(4부1장)	제압
	마음	두려움을 지움	살핌	분노
덕목		겸허 (3부2장3절)	분별	집중(집착) (5부2장)
움직임		절제 (3부6장)	변화 (4부3장)	중심자세 (5부3장)
정신		편안한 집중, 무념무상 (3부7장)	자신을 속임 (4부5장)	상대를 속임 (5부4장)
기법의 요소		기초 (3부8장)	정확함 (4부6장)	늦지 않음 (5부6장)
수련		성실 (3부10장)	올바른 방법 (4부7장)	살의(殺意)(마음) (5부5장)
총체		올바름을 따름 (3부11장)	옳고 그름의 분별 (4부8장)	갈고 닦음 (수신(修身))
밝은 마음 (6부5장)		어짊(仁)	지혜(智)	날램(勇)
각 기법		중심의 이동	손발의 움직임	팔굽과 무릎의 움직임
걸음 (3부3장)		낮은 자세	균형을 무너뜨림	한 다리로 서는 것
형태 (6부10장1절)		원	방	각
도형		점	동그라미	직선
몸		머리 (상단전)	아랫배 (하단전)	가슴 (중단전)

삼재는 어렵다. 왜냐하면, 상대방보다 유리한 위치를 선점하는 것이 어렵기 때문이다. 이 때문에 위의 표에서 보듯이 삼재를 설명하는 데에 많은 개념이 도입된다.

하지만 동시에 삼재는 단순하다. 왜냐하면, 상대방보다 유리한 위치를 선점하는 것이 단순한 것이기 때문이다. 이 단순함을 얻는다면 삼재는 버릴 수 있다. ≪삼재강유론≫에서도 말하기를 "삼재는 방편일 뿐"이라고 하였다.(2부8장) 또한 더 나아가서 "삼재에만 매달려 있으면 이는 분별에만 매달려 있는 것이어서 무분별적인 진리인 하나의 기예에 도달할 수 없다. 결국 〈태권도〉를 얻을 수 없다."(≪삼재강유론≫, 2부8장) 이처럼 삼재는 일기예의 설명개념이다.

송형석 외(2011)은 삼재에 대해서 다음과 같이 해설한다.(태권도 기본교재, 2012, 68쪽)

이창후가 말하는 삼재란 무엇인가? 그것은 한 마디로 상대보다 유리한 위치를 선점하는 것이다. 태권도란 본질적으로 격투기법인데, 격투기법이란 싸움에서 상대를 제압할 수 있는 기법을 의미한다. 싸움에서 상대를 제압할 수 있기 위해서는 상대보다 유리한 위치를 선점해야 한다는 것을, 직접 경험하지 않고는 알 수 없을까? 이창후는 상대를 제압함이라는 개념과 상대보다 유리한 위치를 선점함이라는 개념의 관계에 있어서 전자는 후자를 포함하며 이 포함관계는 개념적인 것으로 생각한다. 즉 상대를 제압한다는 것에는 상대보다 유리한 위치를 선점한다는 의미가 개념적으로 포함되어 있다는 것이다. 달리 말하자면 삼재의 개념은 격투기법의 개념에 선험적 필연성을 갖는다는 것이다.(송형석 외(2011), 65쪽)

상대보다 유리한 입장을 선점하는 것이 태권도에서의 삼재의 의미이다. 하지만 "삼재를 통해서 유리한 위치를 선점하였다 하더라도 구체적인 기법을 통해서 상대를 제압하지 않는다면 그것은 끝이 아니다."(국기원, 2011)

이 구체적인 기법의 원리가 강유(剛柔)의 기법이며, 이것을 다시 상황별로 세 가지로 세분화한 것이 곧 음양(陰陽)·강유(剛柔)·허실(虛實)인데 이것을 가리켜서 '두 개의 날개'라는 뜻으로 "양익(兩翼)"이라 부른다.(국기원, 2011; 태권도기본교재, 2012, 86쪽) 양익에 대한 핵심적인 내용을 개략하자면 다음의 표와 같이 된다.

표 2.2.12. 세 가지 양익의 의미와 실제 예

(국기원, 2011: 태권도기본교재, 2012, 87쪽)

개념	상징	실제 의미	태권도에서의 예
음양	어두움과 밝음	존재양태의 속성	닫힌 자세와 열린 자세
강유	굳셈과 부드러움	행위의 속성	공격하는 행위와 피하는 행위
허실	비어있음과 차 있음	존재의 운동	중심이 실린 발과 그렇지 않은 발

양익의 의미를 보다 상세히 정리하면 다음의 표와 같다.

표 2.2.13. 양익의 상세한 의미

구분	개념	상징	실제 의미	태권도에서의 예
음양	〈음〉	어두움	숨겨져 있는 것, 생각하지 못하고 있는 것.	열린 자세, 다리, 발차기, 몸통
	〈양〉	밝음	드러나 있는 것, 직접 생각되고 있는 것.	닫힌 자세, 손, 주먹지르기, 팔다리
강유	〈강〉	굳셈	힘의 집중, 상대 힘의 흩어버림 등	앞차기, 돌려차기, 뒤차기
	〈유〉	부드러움	상대의 움직임에 따름. 피함 등	발놀림, 피하기
허실	〈허〉	비어 있음	겉으로 드러나는 모양은 있으나 실제로 하고자 하는 바가 없는 것	피하기, 발놀림
	〈실〉	차 있음	그 모습과 관계없이 실제 하고자 하는 바가 충만함	맞부딪히기, 직접적인 공방

먼저 음양이란 '사물의 이면을 입체적으로 설명하는 개념'이다.

〈음양〉에서 〈음〉은 동전의 뒷면과 같은 것을 가리킨다. 숨겨져 있는 것, 혹은 생각지 못했던 측면을 가리킨다. 한편 〈양〉은 동전의 앞면과 같이 드러나 있는 것, 직접 생각되고 있는 것을 가리킨다.

〈국기원〉에 따르면 태권도 겨루기 자세에서 열린 자세는 〈음〉에 해당하고 닫힌 자세는 〈양〉에 해당한다. 왜냐하면, 겨루기의 기본 자세는 닫힌 자세이기 때문이다. 열린 자세는 닫힌 자세에 비해서 잘 생각지 못했던 측면이다. 또한, 격투기에서 다리는 〈음〉이고 손은 〈양〉일 수 있다. 왜냐하면, 격투를 할 때에는 손이 더 잘 보이고 다리는 미처 생각지 못한 공격 수단일 수 있기 때문이다. 하지만 발차기를 주로 하는 태권도 선수들 사이에서는 손이 〈음〉이고 발이 〈양〉이 된다.

강유란 굳셈과 부드러움을 가리킨다. 이것은 곧 사물의 속성처럼 공방의 속성을 가리키는 개념이다. 〈국기원〉에 따르면 〈강〉은 단단한 바위나 강철처럼 상대의 저항에도 불구하고 상대를 파괴할 수 있는 공격 기법의 원리를 가리킨다. 그것은 집중이다. 내가 집중하기 위해서는 상대를 흩어버려야 한다. 그러므로 상대의 움직임과 손발을 집중하지 못하도록 흩어버리는 것도 강기의 한 예이다. 〈유〉는 부드러운 풀잎처럼 상대의 힘에 저항하지 않고 따름으로써 상대의 공격을 무위로 끝나게 하고 지치게 하며, 상대의 자기 제어를 잃게 하는 기법의 원리를 가리킨다. 그것은 따름이다. 상대의 움직임에 거스르지 않고 따른다. 이것이 〈유〉의 의미이다.

그러므로 밀면 그 미는 방향으로 당겨주고 당기면 그 당기는 방향으로 밀어준다. 이것이 유기의 예이다.

예를 들어서 태권도의 앞차기, 돌려차기, 뒤차기와 같은 발차기들은 대표적인 강기이다. 한편 발놀림과 그 발놀림에 기초한 몸쓰기, 피하기 등의 기법들은 대표적인 유기이다. 태권도의 받아차기는 강유의 기법이 하나로 결합한 대표적인 기법이며 태권도 기법의 결정체이기도 하다.

끝으로 허실은 비어있음과 차있음을 의미하는데, 그 직접적인 의미는 '사물이나 움직임의 존재론적 속성'이다. 〈허〉는 비어있음이니, 곧 나의 의도와 나의 중심, 나의 공방이 비어있음을 의미한다.

〈국기원〉에 따르면, 〈실〉은 차있음이고, 즉 나의 의도와 나의 기세, 균형, 그리하여 나의 공격과 방어가 차있음을 의미한다. 〈허〉의 대표적인 기법은 피하기와 발놀림이다. 그것은 구체적으로 공격과 방어 어느 것도 아닐 수 있다. 의미가 비어있는 것이다. 그런데 상대의 공격에 꼭 맞추어질 때 그것은 아무것도 아닌 것이 아니라 특별한 공방이 된다. 곧 〈실〉이 되는 것이다.

〈실〉의 대표적인 기법은 발차기, 주먹 지르기 등이다. 그것은 구체적인 공격과 방어이다. 그 자체로서 의미가 충분하기에 그것이 끝나고 나면 비게 된다. 그러므로 곧 〈허〉로 마무리된다.(국기원, 2011; 태권도기본교재, 2012, 87~88쪽)

6) 음양/강유/허실의 원리

(1) 음양(陰陽)·강유(剛柔)·허실(虛實)의 양익(兩翼)

〈국기원〉에 따르면 "삼재를 통해서 유리한 위치를 선점하였다 하더라도 구체적인 기법을 통해서 상대를 제압하지 않는다면 그것은 끝이 아니다. 이 구체적인 기법의 원리가 태권도의 원리에서의 강유(剛柔)의 기법이다." ≪원리≫ 41장에 따르면 "만물과 함께 〈도〉가 있고 만물이 음양(陰陽)의 변화로써 형상을 가지고 드러나 있으니, 음양이 하나의 추상이라면 그 상호작용의 구체적인 모습으로서 부드러움과 굳셈을 말할 수 있다." ≪심경≫에서도 이르기를 "일기예는 단순하다.//그것은/ 삼재의 순서를 하나로 합치고/ 강유의 기법을 뒤집을 뿐이다"라고 하였으니(1장6절) 일기예와 삼재, 강유는 하나의 계열로 결합되어 있는 것이다.

이 강유의 원리를 상황별로 세 가지로 세분화한 것이 곧 음양(陰陽)·강유(剛柔)·허실(虛實)인데 이것을 가리켜서 '두 개의 날개'라는 뜻으로 "양익(兩翼)"이라 부른다.(국기원, 2011) 그렇다면 양익의 의미는 무엇인가? ≪삼재강유론≫에 따르면 "분별된 것, 그래서 상대적으로 불변하는 것이 갖는 변화의 양상이 음양이다. 음양이 섞여서 변화하는 성질이 강유이며 그 존재의 유무가 곧 허실이다."(2부5장) 〈국기원〉에서도 이르기를, "사람의 움직임이란 항상 허실의 변화를 통해서 생겨나고 허실의 변화는 음양과 강유의 차이에 의존한다. 그러므로 태권도의 기법 역시 허실과 음양, 강유의 차이와 변화로 구성된다."라고 하였다.

한편 ≪삼재강유론≫에서는 말하기를, "삼재를 통해서 분별을 이해할 수 있게 되는데 그 분별의 형식이 음양·강유·허실인 것이다."(2부6장)이라고 하였다. 즉 삼재를 통해서 이해하려는 진리는 분별할 수 없는 일체의 진리인데, 삼재라는 돋보기를 통해서 들여다보면 그 진리는 음양이나 강유 혹은 허실의 형식으로 구분된다는 것이다.

그 상세한 논의는 다음과 같이 이어진다.

(2) 음양

〈국기원〉에서는 "음양의 의미는 어두움과 밝음이다. 그런데 이것은 상징적인 의미일 뿐이다. 직접적으로 설명하면 동전의 양면처럼 사물의 이면을 입체적으로 설명하는 개념이 음양의 개념이라 할 수 있다."라고 하였다. ≪삼재강유론≫에서는 "분별된 것, 그래서 상대적으로 불변하는 것이 갖는 변화의 양상이 음양이다."(2부5장)라고 하였으며, 또한 "음양은 어두움과 밝음이니 존재 양태의 속성이요 대상의 성질이다."(6부12장)라고 하였는데 이것을 정확히 설명한 것이다. ≪태권도 기본교재≫에서는 음양을 '사물의 이면을 입체적으로 설명하는 개념'이라고 말한다.(87쪽) 모두 같은 의미로서 일맥상통한다.

〈국기원〉에 따르면 "〈음양〉에서 〈음〉은 동전의 뒷면과 같은 것을 가리킨다. 숨겨져 있는 것, 혹은 생각지 못했던 측면을 가리킨다. 한편 〈양〉은 동전의 앞면과 같이 드러나 있는 것, 직접 생각되고 있는 것을 가리킨다."

이러한 음양의 개념을 태권도와 관련해서 여러 부분에 적용해 본 내용이 〈국기원〉에 나타난다. 즉 〈국기원〉에 따르면 "태권도 겨루기 자세에서 열린 자세는 〈음〉에 해당하고 닫힌 자세는 〈양〉에 해당한다." 또한 "격투기에서 다리는 〈음〉이고 손은 〈양〉일 수 있다." 그리고 "신체에서는 몸통이 〈음〉이 되고 손발이 〈양〉이 된다."

겨루기의 닫힌 자세가 〈양〉이 되는 까닭은 그것이 겨루기의 기본자세이기 때문이다. 다리가 〈음〉이 되고 손이 〈양〉이 되는 까닭은 "격투를 할 때에는 손이 더 잘 보이고 다리는 미처 생각지 못한 공격 수단일 수 있기 때문이다." 신체에서 몸통이 〈음〉이 되고 손발이 〈양〉이 되는 까닭은 "싸울 때에 손발에 주의가 먼저 가고 몸통의 움직임은 상대적으로 가려지기 때문이다."(국기원, 2011)

이상의 내용을 표로 정리하면 다음과 같다.

표 2.2.14. 음양의 개념과 태권도

개념	상징	실제 의미	태권도에서의 예
〈음〉	어두움	숨겨져 있는 것, 생각하지 못하고 있는 것.	열린 자세, 다리, 발차기, 몸통
〈양〉	밝음	드러나 있는 것, 직접 생각되고 있는 것.	닫힌 자세, 손, 주먹지르기, 팔다리

(3) 강유

〈국기원〉에 따르면, 강유의 의미는 굳셈과 부드러움이다. 이것 역시 상징적인 의미일 뿐이며, 직접적으로 말하자면 강유는 사물의 속성처럼 공방의 속성을 가리킨다. 즉 "강유는 굳셈과 부드러움이니 행위의 속성이요 변화의 성질이다."(《삼재강유론》, 6부12장)

《원리》에서는 이르기를, "만물의 양상은 하나로부터 하늘, 땅, 사람의 셋으로 나뉘어지고, 그 변화는 음과 양으로 나뉘어졌으며, 그 성질은 굳셈과 부드러움으로 나뉘어졌다. 그리하여 태권도에 있어서의 여러 요인들 역시 이를 따라 이야기될 수 있는 것이다."(19장)라고 하였다. 삼재와 강유의 개념의 출발은 여기서 시작한다.

〈국기원〉에서는 다음과 같이 말하였다. "〈강〉은 단단한 바위나 강철처럼 상대의 저항에도 불구하고 상대를 파괴할 수 있는 공격 기법의 원리를 가리킨다. 그것은 집중이다. 내가 집중하기 위해서는 상대를 흩어버려야 한다. 그러므로 상대의 움직임과 손발을 집중하지 못하도록 흩어버리는 것도 강기의 한 예이다."

≪삼재강유론≫에서는 〈강〉에 대해서 다음과 같이 말하였다. "강(剛)이란 무엇인가? 일반적으로 〈강〉이란 '굳셈'을 의미한다. 굳센 것은 바위나 쇠와 같은 것들이다. 그 속성의 핵심은 스스로의 모습을 잃지 않고 오히려 상대에게 변화를 강요하는 데에 있다. 다른 것이 부딪혀도 바위나 쇠는 그 모습이 변하지 않고 오히려 상대에게 변화를 강요하여 깨뜨린다. 이것이 곧 〈강〉의 의미하는 바(즉, 굳셈)이다."(7부3장)

〈국기원〉에서는 다음과 같이 말하였다. "〈유〉는 부드러운 풀잎처럼 상대의 힘에 저항하지 않고 따름으로써 상대의 공격을 무위로 끝나게 하고 지치게 하며, 상대의 자기 제어를 잃게 하는 기법의 원리를 가리킨다. 그것은 따름이다. 상대의 움직임에 거스르지 않고 따른다. 이것이 〈유〉의 의미이다. 그러므로 밀면 그 미는 방향으로 당겨주고 당기면 그 당기는 방향으로 밀어준다. 이것이 유기의 예이다."

≪삼재강유론≫에서는 〈유〉에 대해서 다음과 같이 말하였다. "유(柔)란 무엇인가? 〈유〉란 '부드러움'을 의미한다. 부드러운 것은 봄바람에도 흔들리는 풀잎이나 깃털과 같은 것들이다. 그 속성의 핵심은 상대의 작은 변화에도 거스르지 않고 따르는 데에 있다. 살짝만 바람이 일어도 풀잎이나 깃털은 바람을 타고 그 바람이 이는 만큼 흘러가고 흔들린다. 그리하여 그 변화에 저항하는 법이 없다. 이것이 〈유〉가 의미하는 바(즉, 부드러움)이다."(7부4장)

〈국기원〉에 따르면 태권도의 앞차기, 돌려차기, 뒤차기와 같은 발차기들은 대표적인 강기이다. 한편 발놀림과, 그 발놀림에 기초한 몸쓰기, 피하기 등의 기법들은 대표적인 유기이다. 태권도의 받아차기는 강유의 기법이 하나로 결합된 대표적인 기법이며 태권도 기법의 결정체이기도 하다.(국기원, 2011)

《원리》 41장에서 이르는 것처럼 "이 부드러움과 굳셈을 예로부터 강유(剛柔)라 일컫고 태권도의 움직임을 설명하는 개념으로 삼으니, 마땅히 태권도의 움직임은 그 〈술〉과 〈예〉 그리고 〈도〉에 있어서까지 이 굳셈과 부드러움을 같이 가짐이 옳다."

표 2.2.15. 강유의 개념과 태권도

개념	상징	실제 의미	태권도에서의 예
〈강〉	굳셈	힘의 집중, 상대 힘의 흩어버림 등	앞차기, 돌려차기, 뒤차기
〈유〉	부드러움	상대의 움직임에 따름. 피함 등	발놀림, 피하기

(4) 허실

〈국기원〉에서는 말하기를 "허실의 의미는 비어있음과 차있음이다. 이것 역시 상징적인 의미일 뿐이다. 허실의 직접적인 의미는 사물이나 움직임의 존재론적 속성을 가리킨다. 비어있거나 차있다는 것이 모두 '있음'의 속성이기 때문이다"라고 하였다. 즉 "허실은 비어있음과 차있음이니 존재의 상대적인 있고 없음이다."
(≪삼재강유론≫, 6부12장)

≪원리≫에 따르면, "〈허〉와 〈실〉이란 무엇인가? 겉으로 드러나는 모양은 있으나 실제로 하고자 하는 바가 없는 것을 가리켜 〈허〉라 이르고, 반대로 그 모습에 관계없이 실제 하고자 하는 바가 충만함을 〈실〉이라 이른다." "자신의 움직임이 어떠해야 하는지를 알고 상대의 공격해야 할 곳과 공격해서는 안 될 곳을 알고 나서 〈허〉와 〈실〉의 흐름을 탐으로써 자신의 공격을 상대에게 적중시킨다."(29장)

≪삼재강유론≫에서는 다음과 같이 말하였다. "강기와 유기는 그 굳셈과 부드러움의 있고 없음으로 인하여 〈허실〉의 변화가 될 수 있다."(7부8장)

"〈허〉는 비어있음이니, 곧 나의 의도와 나의 중심, 나의 공방이 비어있음을 의미한다."(국기원, 2011) 여기서 나의 의도와 중심이 비어있다는 것은, 내가 미처 생각하지 못한 바가 〈허〉이고 또한 나의 중심이 무너지기 쉬운 균형의 사각지대가 〈허〉라는 것을 의미한다.

"반대로 〈실〉은 차있음이다. 즉 나의 의도와 나의 기세, 균형, 그리하여 나의 공격과 방어가 차있음을 의미한다."(국기원, 2011) 예를 들어 내가 상대를 공격하려고 오른발 돌려차기를 준비하고 있을 경우 그것이 곧 나의 의도가 차 있음이니 곧 〈실〉이다. 혹은 상대가 공격하면 받아차기를 준비하고 있다면 방어가 차있음이니 역시 〈실〉의 한 예이다.

따라서 〈국기원〉에서는 다음과 같이 말한다.

〈허〉의 대표적인 기법은 피하기와 발놀림이다. 그것은 구체적으로 공격과 방어 어느 것도 아닐 수 있다. 의미가 비어있는 것이다. 그런데 상대의 공격에 꼭 맞추어질 때 그것은 아무것도 아닌 것이 아니라 특별한 공방이 된다. 곧 〈실〉이 되는 것이다.

〈실〉의 대표적인 기법은 발차기, 주먹 지르기 등이다. 그것은 구체적인 공격과 방어이다. 그 자체로서 의미가 충분하기에 그것이 끝나고 나면 비게 된다. 그러므로 곧 〈허〉로 마무리 된다.(국기원, 2011)

《원리》에서는 이르기를 "또한 〈실〉을 담음이 〈허〉요, 〈허〉를 담음이 〈실〉이 된다. 이 모든 것은 궁극에 있어서 구분되지 않는다. 그래서 〈허〉를 〈실〉로 하고 〈실〉을 〈허〉로 할 수 있는 것이며, 서로가 서로를 따르고 서로가 서로를 안음이 변화무쌍하니, 이가 곧 〈허실〉의 흐름이 이루어지는 바이다"(29장) 라고 하였다. 〈국기원〉이 말하는 바를 정리하였다고 볼 수 있다.

〈국기원〉에 따르면 〈허〉와 〈실〉의 의미를 표로 정리하면 다음과 같다.

표 2.2.16. 허실의 개념과 태권도

개념	상징	실제 의미	태권도에서의 예
〈허〉	비어있음	겉으로 드러나는 모양은 있으나 실제로 하고자 하는 바가 없는 것	피하기, 발놀림
〈실〉	차 있음	그 모습과 관계없이 실제 하고자 하는 바가 충만함	맞부딪히기, 직접적인 공방

7) 강유 기법의 요소들

〈국기원〉에 따르면, "양익들 중에서 강유가 태권도의 공격과 방어를 이해하는 데에 가장 중심이 된다. 왜냐하면 그것은 움직임의 속성이고 공방의 속성이기 때문이다." 그렇다면 양익이란 무엇인가? 그 중심에 있는 강유에 대해서 ≪원리≫에서는 다음과 같이 말하였다.

"만물과 함께 〈도〉가 있고 만물이 음양(陰陽)의 변화로써 형상을 가지고 드러나 있으니, 음양이 하나의 추상이라면 그 상호작용의 구체적인 모습으로서 부드러움과 굳셈을 말할 수 있다. 이 부드러움과 굳셈을 예로부터 강유(剛柔)라 일컫고 태권도의 움직임을 설명하는 개념으로 삼으니, 마땅히 태권도의 움직임은 그 〈술〉과 〈예〉 그리고 〈도〉에 있어서까지 이 굳셈과 부드러움을 같이 가짐이 옳다."(41장)

"강유의 개념은 굳셈과 부드러움이라는 추상적인 상징에서 출발하지만 태권도의 원리는 거기에서 그쳐서는 안 된다."라고 〈국기원〉은 말한다. 왜냐하면 〈도〉란 길이고, 사람이 직접 따름으로써 유용함을 얻는 실질적인 진리이므로 태권도인이 기법을 수련하고 활용함에 있어서 구체적으로 따를 수 있는 내용을 제시해야만 올바른 강유의 원리라 할 수 있기 때문이다. ≪심경≫에서 "강유란 집중과 따름을 통한 기법의 효율성의 원리이다."(1장7절)라고 말하면서도 이것이 삼재에 대한 설명에 뒤따르는 이유가 여기에 있다.

〈국기원〉에서는 "〈강〉의 핵심 원리는 '집중'이라고 말했다. 나의 몸과 힘을 상대의 약한 곳에 집중시킨다. 그럼으로써 약한 내가 강한 상대를 제압할 수 있다."고 하였고, ≪삼재강유론≫에서도 말하기를 "〈강〉의 요결은 '집중' 한마디로 설명할 수 있다. 이것이 또한 〈강〉개념의 외연이다."라고 하였다.(7부3장)

이러한 설명은 실제 태권도 기법의 활용에서 잘 드러난다. 즉 이른바 '강기'라고 불릴만한 기법들인 지르기, 앞차기, 무릎차기 등의 기법들은 모두 상대의 약점에 나의 힘을 집중시켜서 이루어지기 때문이다. 필자가 태권도를 지도할 때에 이 점은 많이 강조해 온 것이기도 하다. 국기원에서 강조하는 강의 원리는 태권도 지도나 수련 경험과 잘 일치하는 것이다.

태권도 기법에서 집중을 통해 강기를 효과적으로 쓰기 위해서는 몇 가지 조건들을 충족시켜야 한다. 이것이 곧 강기 사용의 조건인데 ①움츠리기, ②낮은 자세, 그리고 ③단련이다.

먼저 움츠리기를 보자. ≪삼재강유론≫에서도 "집중을 성취하기 위해서는 사람의 몸이 움직일 때 몸의 부분들을 작게 움츠려야 한다. 이 움츠림이 태권도에서의 강기의 첫 번째 조건이다."(7부3장2절)이라고 하였다. 〈국기원〉은 이것을 가리켜 '몸을 공간적으로 그리고 시간적으로 모으는 것'이라고 말한다. 몸을 움츠리는 것은 다만 불필요하게 팔 다리를 벌리지 않는다는 것, 상대에게 내 몸의 가격 부위를 줄인다는 것을 의미한다.

'움츠리기'라는 표현은 매우 정확한데, 왜냐하면 태권도의 기본 동작들을 실제로 사용할 수 있도록 정확히 수련하면 각각의 단계에서 몸을 움츠린다는 느낌이 들 정도로 몸의 관절마디를 압축하는 단계가 반드시 나타나기 때문이다.

둘째로 낮은 자세도 중요하다. 〈국기원〉에 따르면 "자세를 낮추는 것의 핵심은 무릎을 굽히는 것이다." ≪삼재강유론≫에서도 "자세를 낮출 때는 몸의 삼재가 자기 자리를 찾아서, 무릎을 굽혀서 머리는 높고 하단전(下丹田)은 낮추어야 한다"(3부2장1절)고 강조하였다. 실제로 실전 수련에서 상대가 자세를 낮추고 있으면, 편히 서서 높은 자세를 유지하고 있을 때보다 상대를 공격하기에 수월하고 그때 공격의 파괴력도 늘어난다. 하지만 많은 사람이 자세를 낮출 때 무릎을 굽히지 않고 상체를 숙이는 경우가 많은데, 이런 경우에는 별도의 취약함이 생겨난다.

셋째, 강기를 쓰기 위해 마지막으로 필요한 것은 단련이다. 단련이란 무엇인가? "꾸준한 수련으로 나의 힘을 키워서 그것을 한 상황에 집중"하는 것이 곧 단련인 것이다.(국기원, 2011) 단련이 없다면 주먹이 약하고 근육이 약하여 내 힘을 상대에게 집중할 수 없다. 나의 힘을 상대에게 집중할 때 생기는 충격을 내 몸이 이겨낼 수 있어야 한다. 그런데 단련은 긴 시간의 수련에서 얻어진다. 이와같이 강의 원리는 기법에만 그치지 않고 수련에도 적용된다. 노력을 많이 해야 태권도로 상대를 제압할 수 있는 것이다. 그것이 단련이다.

강기를 쓰기 위해서 생각해야 하는 단순한 원리가 있다. 이것은 '일치'이다. 〈국기원〉에서 말하기를 "수련을 통해 강기를 습득한 후에 기법을 사용하는 순간에는 하나를 생각해야 한다. 그것은 '일치'이다"라고 하였으니 이것을 지적한 말이다. 즉 "집중을 위해서는 모든 것이 일치해야 한다. 손과 발이 일치하고, 몸과 걸음이 일치해야 한다. 더 나아가서 몸과 마음이 일치해야 한다." (국기원, 2010)

≪삼재강유론≫에 따르면, "태권도의 앞굽이 몸통 지르기와 앞차기는 전형적인 강기의 예로서 집중의 모습을 시각적으로 보여준다. 그것은 곧 쐐기와 같은 삼각형이다."(7부3장1절) 필자가 보기에는 그 밖에도 옆차기, 돌려차기, 뒤차기 등의 거의 모든 발차기 기법과 손끝지르기, 손날치기 등의 상당 수 손의 기법들이 모두 집중의 모습을 보여준다.

그림 3. 기법에서의 강기

한편 〈국기원〉에 따르면 "〈유〉의 핵심 원리는 '따름'이다. 상대의 움직임에 따르고 상대의 의도에 따른다. 그럼으로써 저항을 기대하고 힘을 모았던 상대를 지치게 하고 의도가 실패하도록 만든다." ≪삼재강유론≫에서도 이르기를, "〈유〉의 요결은 '상대를 따르는 것'이라고 요약해서 말할 수 있다. 이것이 곧 〈유〉 개념의 외연이다."(7부4장)라고 하였다.

이와 같은 〈유〉의 개념은 흔히 '상대의 힘을 역이용한다.'는 통념을 객관적으로 잘 분석한 개념이다. 〈국기원〉에서 말하는 '따름'을 중심으로 하는 〈유〉 개념의 분석은 기존의 통념에 있는 이론적 문제점을 보완하고 있다. 상대의 힘을 역이용한다는 기존의 〈유〉의 개념이 잘못된 것은 아니지만, 이런 통념에는 '어떻게 상대의 힘을 역이용할 수 있는가?'라는 물음이 뒤따르게 된다. '따름'은 그에 대한 답이다.

이러한 따름의 원리를 구체적인 기법에서 구현하기 위해서는 ①불필요한 힘을 빼고, ②여러 기법의 연결망을 알아야 하며, ③따라야 할 것과 지켜야 할 것을 준수해야 한다.

첫째, 불필요한 힘 빼기를 보자. 《삼재강유론》에서는 말하기를, "힘을 빼는 것, 이것이 유기의 첫 번째 조건"이라 하였다.(7부 4장2절) 〈국기원〉에서도 "힘을 빼지 못하면 상대의 움직임에 따르기에 늦게 된다"고 하였다. 실제로 합기도나 태극권 같이 부드러움을 강변하는 무술들이 특히 '힘을 빼고 근육을 이완시킬 것'을 요구한다는 점에서 태권도의 〈유〉의 원리는 정확한 것으로 보인다. 필자가 태권도를 지도할 때 역시 상대의 힘을 역이용하는 기법을 가르치는 경우가 많은데, 많은 수련자들이 동작에 힘을 빼지 못않아서 배운 기법을 효과적으로 쓰지 못하는 것을 많이 보았다. 결국 "힘을 빼!"라고 소리치게 되는데, 〈국기원〉에서 강조하는 〈유〉의 조건은 이러한 현실을 정확히 반영하는 것이다.

둘째, 기법의 연결망도 중요하다. 〈국기원〉에 따르면 "기법의 연결망을 알지 못하고 한 기법만을 알고 있다면 상대의 움직임을 따른 후에 상대를 제압할 대책을 잃게 된다. 그러므로 상대를 따를 수가 없다." 이 지적은 정확하다. 쉽게 말해서 수련자가 몸에 힘을 빼려고 해도 불안해서 그럴 수 없는데 그것은 다른 기법을 연결시킬 줄 모르기 때문인 것이다. 그래서 ≪삼재강유론≫에서는 이렇게 말한다. "왜 상대를 따르지 못하는가? 내가 하고자 하는 바가 제한되기 때문이다. 내가 하고자 하는 바가 제한되는 것은 내가 상대를 제압할 수 있는 기법이 제한되기 때문이고 그리하여 기법의 폭넓은 체계가 없기 때문이다."(7부4장2절) 필자가 수련자를 지도해 본 경험에 따르면 수련자는 최소한 2개의 기법의 연결망을 알아야 힘을 빼고 상대의 움직임에 따를 수가 있다. 물론 연결된 기법들이 많으면 많을수록 좋다.

셋째는 따라야 할 것과 지켜야 할 것을 준수하는 것이다. 간단히 말해서 기본 원칙을 준수한다고 할 수 있다. 이 점에 대해서 〈국기원〉에서는 말하기를 "이렇게 상대의 움직임과 의도에 따르면서도 자신의 의도와 목적을 버려서는 안 된다. 이를 위해서는 따라야 할 것과 지켜야 할 것을 지키면서 내면적인 질서를 유지해야 한다."라고 하였다. 그렇다면 무엇을 준수해야 하는가? 필자가 수련자에게 기법을 지도해 본 경험에 따르면 가장 중요한 것이 세를 낮추고 상대에게 접근하는 것이다. 곧 삼재의 요소들인 것이다. 한편 ≪삼재강유론≫에서는 말하기를, "지켜야 할 것은 상대의 위험에는 멀지만 나의 위험에 가까운 것이며 따라야 할 것은 상대의 위험에는 가깝지만 나의 위험에는 먼 것이다."(7부4장2절)라고 하였다. 필자는 자세를 낮추고 시선을 유지하는 것이 지켜야 할 것의 예들이고, 자연의 법칙과 상대의 움직임 등은 따라야 할 것의 예들이다. 자세를 낮추는 것은, 그것을 하지 않았을 경우 내가 위험해지지만 상대의 위험과는 무관하므로 지켜야 하는 것이다. 이에 반해 상대의 움직임은 상대의 공격을 무력화하고 나의 공격 기회를 찾기 위해 필요하다는 점에서 상대의 위험에 가깝지만, 나의 위험에는 멀다고 본다.

이상의 내용을 표로 정리하면 다음과 같다.

표 2.2.17. 강유의 원리에 대한 세부 내용

(박준석, 2004, 133쪽; 국기원, 2011)

개념	강(剛)	유(柔)
의미	굳셈	부드러움
기법의 핵심	집중	따름
기법의 조건	움츠리기, 낮은 자세, 단련	힘을 빼기, 기법의 연결망, 따라야 할 것과 지켜야 할 것.
기법의 사용	일치시킬 것	질서를 지킬 것

한편, 강유는 일체가 되어야 한다. ≪원리≫에서는 다음과 같이 말한다. "아무리 날카로운 기법도 상대의 방어를 지나 상대에

게 이르기 위해서는 그 속에 부드러움을 담고 있지 않으면 안 되고, 아무리 부드러운 기법도 상대에게 이르러 상대의 의지를 깨뜨리기 위해서는 그 속에 날카로움을 담지 않으면 안 된다."(41장)

이상과 같은 강유의 원리는 태권도 기법을 실전적으로 수련하고, 또 태권도 기법을 수련자들에게 가르치는 여러 경험에 매우 정확하게 일치한다. 더 나아가서 태권도 수련에서 찾기 어려웠던 문제점과 어려움의 원인을 명쾌하게 설명해 주는 장점이 있다.

박준석(2004)에 따르면 삼재강유론의 철학은 다음과 같이 요약된다.(국기원, 2011)

모든 태권도의 기법은 강기와 유기들로 이루어져 있는데, 이러한 강기와 유기를 가능하게 하는 보이지 않는 토대를 삼재(三才)라고 한다. 그러므로 모든 기법들은 음양의 효들이 결합하여 사상과 팔괘가 되듯이 강기와 유기들이 결합하여 구체적인 기법들이 된다. 그 때 강기와 유기의 결합은 삼재의 틀 속에서 이루어져야만 한다.(박준석, 2004, 133쪽)

삼재강유론의 핵심에 대한 정근표(2008)의 설명은 다음과 같다.(태권도기본교재, 2012, 65~66쪽)

태권도가 무예이므로 격투기법으로서의 본질이 필연적인

것과 마찬가지로 삼재와 강유의 원리들 역시 태권도에서는 선험적 필연성을 가진 개념이라고 이창후는 주장한다. 즉 "상대와 싸워 이긴다는 개념에는 내가 상대보다 신체적으로 크거나 작다는 것, 혹은 근육의 힘이 세거나 약하다는 것이 포함되어 있지 않다. 달리 말하자면 내가 상대를 제압했다고 해서 필연적으로 내가 상대보다 덩치가 크다거나 근육의 힘이 세다고 말할 수는 없다. 즉 내가 상대보다 신체적으로 작고 근육의 힘이 약하더라도 상대를 제압할 수 있다. 그것을 가능하게 하는 격투기법이 태권도이다." 그러므로 태권도에는 이것을 가능하게 하는 이유인 원리가 있어야 하는데 그것을 설명하는 것이 삼재와 강유의 개념이다. 즉 "무술로서의 태권도란 삼재(三才)와 강유(剛柔)의 원리에 따르는 인간의 움직임의 틀이다."(이창후, 2003, 2부1장)

이 때 말하는 삼재란 "상대보다 유리한 위치를 선점하는 것"이고 강유란 강기와 유기를 의미한다. 다시 강기란 내가 상대의 약한 곳에 나의 많은 힘을 집중시킨다는 것이고 상대의 움직임에 거스르지 않고 따르는 것이다. 격투기법으로서의 태권도는 상대를 제압할 수 있는 기술이자 원리이어야 하는데, 상대를 제압한다는 것에는 상대보다 유리한 위치를 선점한다는 의미가 개념적으로 포함되어 있다고 말할 수 있는 측면이 있다고 이창후는 주장한다. 달리 말하자면 삼재의 개념은 격투기법의 개념에 선험적 필연성을 갖는다.

한편, 상대보다 유리한 위치를 선점한다는 것이 상대를 제압한다는 개념에 포함될지라도 그것이 충분한 것은 아니어서 강유가 추가적으로 요구된다. 그리하여 강기를 씀으로써 전체적으로 내가 덩치가 작고 힘이 약하더라도 강기의 원리를 따른다면 그 부분에서는 상대보다 물리적으로 강할 수 있고, 유기를 통해 상대가 힘이 더 세더라도 그 힘이 효과를 발휘할 수 없게 만들고 오히려 역이용한다.

이창후는 삼재와 강유가 결합하면 상대를 제압할 수 있는 충분한 이유를 얻을 수 있다고 주장한다. 그리고 삼재와 강유의 원리를 따라서 충분히 상대를 제압할 수 있다는 것은 경험하지 않고서는 알 수 없는 것이 아니라 이성의 힘을 통해서 알 수 있는 것이므로 태권도에서의 삼재강유의 원리는 선험적으로 필연적이라고 주장한다.

8) 태권도 원리체계의 종합

〈국기원〉에서 이르기를, "태권도가 도(道)·역(易)·법(法)으로 모아지고, 다시 도(道)·역(易)·법(法)은 단지 하나의 대원리의 다른 이름일 뿐이다. 그러므로 지금까지 설명한 여러 삼재강유의 원리 체계들도 하나의 단순한 내용으로 종합되고 정리될 수 있다."고 하였다. 이렇게 정리된 원리체계를 "삼재강유의 원리"라고 부른다.
(국기원, 2011)

이 개념의 출발점은, ≪삼재강유론≫이다. ≪삼재강유론≫에서 이르기를, "삼재를 통해서 이해되는 일체의 이치[1]에는 세 가지 이름이 있으니 곧 도(道), 역(易), 법(法)이다."라고 하였다.(6부12장) 또한 이르기를, "〈도〉에서 강유가 나오고 〈역〉에서 음양이 나오며 〈법〉에서 허실이 나온다."(6부12장)라고 하였으므로 각 대원리에서 세부 원리들이 도출되는 관계를 설명한다.

≪삼재강유론≫에 따르면, "태권도의 삼재와 강유가 결합하면 기예가 된다. 기예란 기법의 완전함이다."(8부1장)이 내용은 다음과 같은 ≪심경≫의 설명에서 구체화된다. "훌륭한 기법을 쓴다면 당신은 항상 상대방보다 유리한 위치를 선점할 수 있고, 적은 힘으로 강한 상대를 제압할 수 있어야 한다. 삼재와 강유의 원리는 바로 그것을 말할 뿐이다."(1장4절)

삼재와 강유가 하나의 기법에서 여러 기법으로 분화하는 구조를 나타내는 논리를 이해하기 쉽게 표로 정리해보면 다음과 같다.

---

1. 그것은 "일체의 이치"이므로 전체이면서 곧 하나이다.

표 2.2.18. 삼재와 강유의 의미 구조 (국기원, 2011)

개념	존재 양태							
기법들	기법 1	기법 2	기법 3	기법 4	기법 5	기법 6	기법 7	기법 8
기법의 요소	강기				유기			
기법의 토대	삼재(三才)							
기법의 궁극	일기예							

    그러므로 "최종적으로 삼재강유의 원리는 하나의 기법을 위해서 모아진다. 그것은 〈일기예〉이다."라고 〈국기원〉은 말한다. 그때 일기예란 무엇인가? 〈국기원〉에 따르면 "상대를 제압할 때 자신이 언제 어느 때라도 즉각적으로 쓸 수 있도록 수련되고 단련된 태권도인 각자의 특기 기술이다." ≪원리≫에서도 이르기를, "태권도란 무엇인가? 그것은 하나의 기예(技藝)이다. 태권도는 하나의 기예로 시작하고 하나의 기예 안에서 완성된다. 그 시작과 끝은 같다. 단순한 하나의 기예를 넘어서 태권도란 없다."(57장)라 하였다.

    필자가 태권도를 지도한 경험에서도 이러한 지적은 깊이 공감된다. 왜냐하면, 실제로 태권도의 기법을 쓸 때에는 별다른 생각을 할 수가 없기 때문이다. 결국, 숙달된 하나의 주특기 기법으로 승부를 내게 된다. 〈국기원〉과 ≪원리≫에서 말하는 일기예가 실력의 전부인 것이다. 따라서 태권도의 원리들이 있다면 그것은 자신의 주특기인 일기예 안에 모아져야만 한다. 그렇지 않으면 필요 없는 원리가 된다.

또한 〈국기원〉에서는 이르기를 "태권도 겨루기와 같은 실제적인 상황에서 일기예는 즉각적으로 경험된다."고 하였다. 왜냐하면, 이 때 "자기 자신이 곧 그 기예이므로 그 기예를 행함은 자연스럽고 드러나지 않기 때문이며, 따라서 상대방은 그것을 보지 못하고 본다고 하여도 피하지 못하기 때문이다."(《원리》, 57장)

《삼재강유론》에서는 "이 〈일기예〉는 그 구체적인 모습이 없다. 그리하여 그것은 하나조차도 아니다"(2부2장2절)라고 하였다. 〈일기예〉는 어느 기법 하나로 특정할 수 없다. 그러나 여러 기법에서 예를 들 수는 있다. 그러므로 〈국기원〉에서는 그 예를 다음과 같이 제시한다.

모든 발차기를 골고루 쓸 수 있는 사람은 겨루기에서 이길 수가 없다. 여러 가지 기술들을 쓸 수 있더라도 그것은 대체로 위장적인 기술이다. 실제로 승부를 거는 기법은 자신이 집중적으로 단련하고 준비한 하나의 기예이다. 오른발 돌려차기가 그런 일기예일 수도 있고, 뒤차기로 받아차는 것도 그런 일기예일 수도 있다.

《심경》에서도 돌려차기를 설명하면서 다음과 같이 말한다.

태권도는 일기예이다. 항상 동일한 곳을 동일한 방법으로 공격한다. 즉 앞차기로 상대의 명치를 찔러 찬다. 그런데 상대가 명치 공격에 대한 기본적인 방어를 하고 있을 수 있다. 이때 앞차기라는 일기예가 변형된다. 명치 공격이 어렵기 때문에 생기는 허점을 자동적으로 찾아낸다. 정면을 막으면 옆이 비게 된다. 그러므로 동일한 앞차기를 하지만 조금 무릎을 눕히고 엉덩이를 더 돌려 상대의 옆구리를 찬다. 정확히 말하자면 마지막 갈비뼈이다. 가격하는 내 발의 부위는 앞꿈치이다.

(4장28절)

〈국기원〉에 따르면 일기예는 "태권도의 무극이며 태극이다." 무극이란 아무것도 아닌 어떤 것을 의미하고 태극이란 모든 것을 포함하는 어떤 것을 의미한다.

3. 태권도와 전쟁의 원리

1) 전쟁과 전투/격투 원리

〈국기원〉에서는 "태권도의 본질은 상대를 제압하는 공방의 활동, 즉 격투기법의 체계"이며, "한편으로 이런 본질은 충분히 가치 있는 것이기도 하다."고 하였다. 이와 마찬가지로 ≪심경≫에서도 말하기를 태권도를 가르친다는 것은 "태권도를 배우는 이가 생활 속에서 마주칠 수 있는 극단적인 위기에서 살아남을 수 있는 길을 열어주는 것"이어서 곧 "행복한 삶을 위해서는 결코 잃어서는 안 되는 사랑하는 사람들을 보호할 수 있는 능력을 키워주는 것"이 므로, "태권도를 가르친다는 것은 고귀한 일이 아닐 수 없고, 자긍심을 느낄 일이 아닐 수 없다."라고 하였다.(6장3절) 이것은 모두 같은 의미에 모아진다. 태권도는 곧 상대와 싸우는 기법이다.

〈국기원〉에 따르면 "이러한 태권도의 원리와 가장 유사한 것은 전쟁의 원리이다." 전쟁의 원리와 태권도의 원리는 다음과 같은 공통점들을 가지고 있다.

표 2.3.1. 전쟁과 태권도의 공통점 (국기원, 2011)

구분	차이점	공통점
전쟁	많은 자원, 긴 시간, 넓은 지역, 여러 사람의 싸움	인간의 싸움. 싸우는 자의 능력에 의해 승패가 결정됨. 생사의 갈림길을 결정.
태권도	개인의 짧은 시간 동안의 싸움.	

2) 손자병법과 전쟁론

(1) 손자병법의 논리적 흐름

전쟁에 대한 고전적인 저작인 ≪손자병법≫을 보면, 그 논리적 흐름은 다음과 같다고 〈국기원〉은 말한다.

> 전쟁계획 → 작전의 수립 → 공수의 승리 → 형세와 허실 → 개별 요소들 검토

한편 ≪손자병법≫의 전체 내용을 표로 정리하면 다음과 같다.

표 2.3.2. 손자병법의 내용 정리 (국기원, 2011)

내용 순서	편명	핵심 내용
1)전쟁계획/판단	계(戒)편	승리하기 위해 미리 살펴야 하는 5요소: 도(道), 천(天), 지(地), 장(將), 법(法)
2)작전 수립	작전(作戰)편	속전속결의 원칙
3)공수의 승리	모공(謀攻)편	싸우지 않고 이기는 것이 최선의 승리.
4)형세와 허실	형세(形勢), 허실(虛實)편	승리하는 군대는 우선 승리의 조건을 다 갖추고서 전쟁을 시작하며, 기습과 정공법으로 전투한다.

5)개별 요소 검토	군쟁(軍爭), 구변(九變), 행군(行軍), 지형(地形), 구지(九地), 화공(火攻), 용간(用間)편	전쟁수행과 전투부대 관리를 위한 여러 내용

(2) 전쟁과 태권도의 기본 원리

≪손자병법≫에 기초해서 전쟁과 태권도의 기본 원칙을 비교해 보면 다음과 같은 표로 정리된다.(국기원, 2011)

표 2.3.3. 전쟁과 격투의 기본 원칙

내용 순서	손자병법	태권도 원리
1) 사전 판단	5요소: 도(道), 천(天), 지(地), 장(將), 법(法)	당위성, 상황판단, 사후 대책(법적 장치) 등.
2) 작전 수립	속전속결의 원칙	상대를 순간에 제압하라.
3) 공수의 승리	1)대전략: 싸우지 않고 적을 굴복시키는 것 2)벌모: 적의 침공 의도와 전략을 그 싹에서부터 잘라버리는 것 3)벌교: 적을 외교적으로 고립시키는 것 4)벌병: 적의 군대를 타격하는 것 5)공성: 방어준비를 끝낸 적(성)을 공격하는 것.	1)도리의 제압: 도리로써 상대를 승복시킴 2)위세의 제압: 위세로 상대를 제압함. 3)기예의 제압: 기예와 힘으로 상대를 제압함.

≪손자병법≫에 따르면, 전쟁을 시작할 때 먼저 사전판단을 해야 하는데, 그 판단의 요소는 "5계(戒)"라고도 일컬어지는 도(道),

천(天), 지(地), 장(將), 법(法)이다. 또한 공수(攻守)에서의 승리는 손자병법에서 크게 다섯 가지로 나누어지는데, 그것은 1)대전략, 2)벌모, 3)벌교, 4)벌병, 5)공성이다. 단계별로 승리의 의미는 다음과 같다.

    1) 대전략: 싸우지 않고 적을 굴복시키는 것

    2) 벌모: 적의 침공 의도와 전략을 그 싹에서부터 잘라버리는 것

    3) 벌교: 적을 외교적으로 고립시키는 것

    4) 벌병: 적의 군대를 타격하는 것

    5) 공성: 방어준비를 끝낸 적(성)을 공격하는 것.(국기원, 2011)

한편 태권도에서의 공방의 승리에는 다음과 같은 세 가지 실패가 있다. 그것은 1) 기예의 실패, 2) 위세의 실패, 3) 도리의 실패이다. 그 각각의 의미는 다음과 같다.

    1) 기예의 실패: 힘으로 제압했으나 기예로써 제압하지 못함

    2) 위세의 실패: 힘과 기예로 제압했으나 위세로 제압하지 못함

    3) 도리의 실패: 위세마저 눌렀으나 도리(道理)로써 승복시키지 못함

≪원리≫에서 이르기를 "태권도에 있어서 자신이 상대를 제압했을 때 완전하지 못한 제압이 세 가지가 있거니와, 그 첫째는 힘으로 제압했으나 기예로써 제압하지 못함이요, 둘째는 힘과 기예로 제압했으나 위세로 제압하지 못함이며, 셋째는 위세마저 눌렀으나 도리(道理)로써 승복시키지 못함이다."라고 하였다.(31장) 〈국기원〉에 따르면, 이런 비교를 통해서 전쟁과 격투의 원리, 그리하여 ≪손자병법≫과 태권도의 원리는 다음과 같은 체계적 유사성을 가진다고 할 수 있다.

표 2.3.4. 전쟁과 격투 공방의 원리 체계의 유사성

상징	의미	손자병법	태권도 원리
삼재	승리의 토대	승리의 조건을 다 갖추고서 전쟁을 시작한다.	상대보다 유리한 위치를 선점함.
강유	공방의 양 날개	정공법과 기습법으로 공격함	강기와 유기로 상대를 제압함
추가 요소들	세부적인 판단 요인들	군쟁, 구변, 행군, 지형, 구지, 화공, 용간	거리, 기세, 균형, 박자, 호흡, 무기 등.

III. 태권도 정신론

1. 태권도 정신
1) 태권도정신 개념에 대한 고찰

2) 태권도의 정신성

2. 태권도의 정신체계
1) 태권도 정신체계의 형식과 내용

2) 태권도 정신의 마음

3) 태권도 기법의 정신

4) 태권도 수련의 정신

3. 태권도 정신체계의 특징

태권도 철학·원리 집요
跆拳道哲學·原理 輯要

III. 태권도 정신론

1. 태권도 정신

1) 태권도정신 개념에 대한 고찰

태권도 정신의 이해는 태권도의 철학, 사상, 정신의 개념들의 연관관계를 분명하고 명료하게 이해한 위에서 시도되어야 한다. 정신·사상·철학의 개념적 연관관계는 다음과 같다.

표 3.1.1. 정신·사상·철학의 개념

(이창후, 2007b: 태권도기본교재, 2012, 149~150쪽)

평가 기준	내 용
철학	인간의 문제해결책에 도달하는 지적 과정. 여러 해결책들(즉, 사상들)에 대한 비판적으로 검토.

사상	문제해결을 위한 철학적 사유의 결과물로서, 구체적으로 개념화되고 관념화된 해결책.
정신	사상체계의 일부분. 문제해결책으로서의 사상에서 그 해결을 수행할 주체들의 심리적 태도 및 신념체계.

한편 기존에 제시된 태권도 정신의 내용에 대해서 정리하면 다음과 같다.

표 3.1.2. 태권도 정신의 다양한 정의 (태권도기본교재, 2012, 137~138쪽)

발표자	태권도의 정의
최홍희	예의, 염치, 인내, 극기, 백절불굴
한승조	호국, 충효, 무언실행, 정의를 수호하는 결백정신, 평등, 인격완성, 홍익인간, 평화정신, 책임감
안용규	평화, 애국, 예의, 충효, 부동심, 호연지기, 극기, 정신, 준법성
미국 World Class Taekwondo Center	Focus(집중력), Enthusiasm(열정), Goal Setting(목적의식), Cooperation(협동심), Perseveance(인내심), Confidence(자신감), Respect(존경심), Responsibility(책임감), Leadership(리더십)
류병관과 지치환	도리를 가지고 정도를 실행하는 것
이창후	태권도인에게 윤리적으로 요구되는 행위 규범을 지키고자 하는 마음가짐으로서 그 구체적인 명칭은 삼재강유이다.
김영성	3도5덕: 홍익인간, 삼재강유, 심기합치, 예의, 인내, 용기, 공평무사, 호연지기.

태권도 정신에 대한 이와 같은 여러 제안은 다음과 같은 기준

에 의해서 평가되어야 한다.

정석현(2011)에 따르면 태권도 사상에서 논의하는 문제들은 다음과 같다.(정석현, 2011, 58쪽)

1) 태권도의 정신적 이념의 내용은 무엇인가?
2) 그것은 태권도와 어떤 연관성을 가지는가?

이처럼 태권도 정신의 수립단계나 기준을 논의하는 것을 "메타 정신론"이라고 한다.(태권도기본교재, 2012, 143쪽) 메타정신론의 내용을 이창후(2007b)와 정석현(2011)에서 나아가 더욱 체계화한 것이 다음과 같은 태권도정신의 평가기준들이다.

표 3.1.3. 태권도정신에 대한 평가 기준

(이창후, 2007b: 태권도기본교재, 2012, 144쪽)

평가 기준	내 용
기술적 연관성	태권도 정신은 태권도 수련 행위의 본질에 근거를 두어야 한다.
보편적 윤리성	태권도 정신은 수련자에게 바람직한 의미를 주는 것이어야 한다.
태권도적 특수성	태권도 정신은 다른 무술 사상과 구별되는 개성 즉 독자성을 지녀야 한다.
이론적 체계성	태권도 정신은 모호하고 단편적 신념이 아닌 논리 정연하고 짜임새 있는 이론 수준의 단계이어야 한다는 것이다.

〈국기원〉과 태권도기본교재(2012)의 내용을 고찰해 볼 때 삼재강유론적 정신체계가 이상의 평가기준에 가장 잘 맞는 것 같다. 그 이유는 다음과 같다.

⟨1⟩ 기술적 연관성: 삼재강유의 기법이 곧 태권도 기법이므로 태권도 기법과 잘 연관된다.
⟨2⟩ 보편적 윤리성: 경(敬)과 성(誠), 그리고 용(勇)을 중심으로 하는 태권도정신은 보편적으로 받아들일만 하다.
⟨3⟩ 태권도적 특수성: 삼재강유의 원리가 태권도를 대표하는 기법의 원리이며, 경(敬)과 성(誠)은 퇴계와 율곡의 사상으로서 한국의 문화적 전통성도 있으므로 그 내용이 태권도 정신으로서의 특수성을 확보한다.
⟨4⟩ 이론적 체계성: 각 정신의 내용이 구조화된 형태로서 제시되어 상호연관관계가 체계적이다.

2) 태권도의 정신성

〈국기원〉에 따르면 상대를 제압하고자 하는 격투활동에서는 정신성이 매우 중요하다. 그 근본은 ≪삼재강유론≫에서 말한 바와 같이 "태권도의 모든 움직임은 그 하나하나가 마음의 움직임을 드러내고, 그리하여 그 바른 원리는 마음의 길을 가리킨다."(9부1장)

는 점에 있다.

〈국기원〉에 따르면 정신이 상대와의 전쟁 혹은 격투에서 어떤 중요성을 갖는지를 보여주는 사례들은 먼저 사례들은 다음과 같다.

 1) 임진왜란의 극도로 불리한 전황 속에서 전설적인 전승을 기록한 이순신 장군은 군사들에게 "반드시 살고자 하면 죽을 것이요, 반드시 죽고자 하면 살 것이다(必生則死, 必死則生)."라는 교훈을 내렸다.

 2) ≪심경≫ 1장12절에서 말하듯이, 사람들은 예로부터 잘 싸우는 사람을 일컬어서 "힘 센 사람"이라고 하지 않고 "용감한 사람"이라고 불러왔다. 그것은 바로 힘이 세다는 신체적인 능력보다는, 용감하다는 정신적인 능력이 더 상대를 제압하는 격투능력에 필수적임을 드러낸다.(≪태권도심경≫, 1장12절)

태권도의 기법을 써서 상대를 제압함에 있어서는 그 마음씀의 원리도 매우 중요하다. ≪삼재강유론≫에서도 말한 바와 같이 "태권도를 함에 있어서 공격의 동작은 공격의 마음을 필요로 하며 방어의 동작은 방어의 마음을 필요"로 하기 때문이다.(5부5장) 그 원리들은 실제로 태권도 기법을 배워서 연습 때에는 훌륭하지만, 실전에서 사용하지 못하는 수련생들에게 중요한 가르침을 제시한다.

그 내용은 다음과 같다.

표 3.1.4. 기법의 마음씀의 원리들

기법의 마음씀	내용
망설이지 말라	"마음을 비우고 결단하라. 결국에는 결단을 없애고 순응해야 한다."(≪원리≫, 23장)
끊이지 말라	끊이지 않아야 강유와 허실의 흐름을 이을 수 있다. 그리하여 공방의 기세를 유지할 수 있고 상대의 허점을 잡아낼 수 있다.(≪삼재강유론≫, 8부4장)
얽매이지 말라	눈에 보이는 것, 상대의 모습, 그리고 나의 계획에 얽매이면 안 된다.(≪삼재강유론≫, 8부4장)

≪원리≫에서는 다음과 같이 말하였다. "상대와 같이 움직이는 태권도인의 마음은 어떠해야 하는가? 우선 망설이지 말라. 마음을 비우고 결단하라. 결국에는 결단을 없애고 순응해야 한다."(23장) ≪삼재강유론≫에 따르면 "망설이지 말라, 끊이지 말라, 얽매이지 말라. - 이 세 가지가 곧 태권도의 기법을 다스리는 정신의 원칙이다."(8부4장)

≪심경≫ 5장26절에서도 다음과 같이 노래한다.

망설이지 말라.

하나의 기법이 준비되어 있다.

즉시 그 기법을 쓸 수 있다.
단 하나가 있을 뿐이다.
오직 그 기법만 쓴다.
그러므로 망설이지 않을 수 있다.

끊이지 말라.

하나의 기법이 반복된다.
그 기법이 단순하지 않다.
단순하지 않으므로 여러 모습이다.
하나의 풍경을 여러 각도로 달리 보여주듯이
같은 기법으로 다르게 반복한다.
그러므로 끊이지 않을 수 있다.

얽매이지 말라.

반복하는 기법에 형태가 없다.
그저 단순한 원리가 있을 뿐이다.
어디에나 같은 물을 부어도
그릇에 따라 다른 모양으로 담기듯이
그 원리가 상대에 적응한다.

나는 마음만을 던질 뿐이다.

그러므로 얽매이지 않을 수 있다.[일기예]

이 단순한 원리를 〈국기원〉을 포함한 여러 곳에서 강조하는 데에는 이유가 있다. 많은 사람들이 이 세 요결에서 실수를 하기 때문이며, 이 세 단계의 마음씀의 원리들을 숙지하고 수련에서 숙달한다면 수련 때에 매운 기법들을 훌륭하게 실전에서 적용할 수 있기 때문이다. 그래서, 단순하지만 매우 중요하다.

2. 태권도의 정신체계

1) 태권도 정신체계의 형식과 내용

태권도의 정신체계는 흔히 "삼재강유론적 정신체계"라고 불린다. 앞의 II. 태권도 원리론의 장에서도 보았듯이 그 구성체계와 내용은 다음과 같다.

표 2.2.5 태권도의 정신체계

구분	태권도 정신			태권도의 기법			태권도 수련		
무극	삶의 안쪽으로의 초월			일기예: 살의(殺意)			초극		
삼재	경건(敬)	절제	중용	하늘: 용기	땅: 살핌	사람: 분노	성실	바름	수신
음양	의(義)		예(禮)	강(剛): 집중		유(柔): 따름	기초		응용

태권도의 정신체계의 세부 내용 중에서 큰 분류인 ①태권도 정신, ②태권도 기법, ③태권도 수련의 구분에 대한 〈국기원〉의 설명을 정리하면 다음의 표와 같다.

표 3.2.1. 태권도 정신체계의 세부 내용

정신체계 항목	내용
태권도 정신	순수한 내면 수련의 측면에서의 정신지도의 덕목. 생활 전체에서 유지해야 하는 태권도 정신.
태권도 기법	실제로 태권도 기법으로 상대를 제압할 때의 마음의 움직임.
태권도 수련	도장에서 태권도 수련을 할 때의 마음 자세

즉 〈국기원〉에 따르면, 태권도 정신의 내용은 순수한 내면 수련의 측면에서의 정신지도의 덕목이며, 곧 이것은 생활 전체에서 유지해야 하는 태권도 정신이다. 한편 태권도 기법의 정신은 실제로 태권도 기법으로 상대를 제압할 때의 마음의 움직임에 대한 설명이며 태권도 수련의 정신은 도장에서 태권도 수련을 할 때의 마음

자세를 가리킨다.(국기원, 2011)

2) 태권도 정신의 마음

〈국기원〉에 따르면 태권도 정신의 심리적 내용은 생활 전반에서 태권도인이 갖추어야 하는 정신을 설명한다.

표 3.2.2. 태권도 정신의 심리적 내용

마음	덕목	내용 설명
무극	초월	태권도인의 목표: 삶의 안쪽으로 초월하는 것
삼재	경건	경건함: 퇴계철학의 핵심 정신 덕목
	절제	초월을 위한 구체적인 정신. 선을 지키어 꼭 필요한 만큼만 행하는 것.
	중용	균형을 잡는 것. 지나치게 한쪽으로 치우치지 않는 것
음양	의(義)	의로움: 의(義)가 있어야 인간의 도덕적 의무를 수행할 수 있다
	예(禮)	예의: 다른 사람을 존중하고, 다른 사람들과 협동할 수 있다.

〈국기원〉은 말하기를, "전체적으로 태권도인의 목표는 삶의 안쪽으로 초월하는 것이다."라고 하였다. 그와 같이 "태권도인은 삶 자체를 향하면서도 삶을 초월한다. 그것이 삶의 안쪽을 향한 초월이다."(《원리》, 60장) "이런 초월은 세속에서 벗어나지 않고, 오히

려 세속적인 문제들을 더 직시하고 그 속으로 뛰어듦으로써 얻고자 한다. 이것이 '삶의 안쪽으로의 초월'이 말하는 바이다."(국기원, 2011)

그렇다면 태권도에서의 '초월'의 구체적인 의미는 무엇인가? ≪삼재강유론≫에 따르면 "싸움을 피하지 않고 오히려 싸움 안으로 즐겨 들어감으로써 싸움을 없애는 것, 그리하여 싸움을 하지 않는 것, 이것이 삶의 안쪽을 향한 초월이다."(2부9장) ≪원리≫에서는 태권도의 초월이 "삶의 실상에 대한 모든 부정을 넘어서 오히려 삶의 안쪽으로 초월하듯이 많은 적들을 대하여 자신의 안쪽으로 피하는 것이다."라고 하였다.(52장) 또한 ≪심경≫에서는 태권도의 기법과 초월의 관계에 대해서 다음과 같이 말한다.

일기예는 초월일 뿐이다.
삶의 안쪽으로의 초월.(1장6절)

다음으로 경(敬)이란 무엇인가? 〈국기원〉에 따르면 "경(敬)은 경건함을 의미한다." 상대와 싸워서 제압하고 자하는 태권도에서 경계심이 필수적인데, 바로 이 경건함에서 경계함을 이어나간다. 그러므로 ≪원리≫에서 말하기를 "경건함이란 곧 모든 것이 적절히 제자리를 지켜 이에서 벗어나지 않도록 경계하는 마음이다."(18장)라고 하였다. 이것을 거꾸로 말해서 "경계함이 원리에 따름으로써 편안하게 이루어지면 곧 경건함이 된다."(《삼재강유론》, 6부7장 1절) 고도 할 수 있다.

경(經)의 정신은 한국의 전통사상에 뿌리를 둔다. 〈국기원〉에서는 말하기를 "이 경건함은 퇴계철학의 핵심 정신 덕목이기도 하다. 이 경건함의 정신으로 성리학에서는 수양을 해 나갈 것을 주문하였다. 그만큼 경건함은 모든 생활과 정신을 다잡는 핵심 정신이다."라고 하였다. "조선 성리학의 가장 중요한 흐름인 퇴계학은 곧 '경학(敬學)'이라고 불릴 정도로 경(敬)을 중시했다."(태권도 기본 교재, 180쪽)

한편 "절제는 초월을 위한 구체적인 정신이다."(국기원, 2011) 그렇다면 절제란 무엇인가? 〈국기원〉은 이렇게 말하였다. "해야 할 것은 하고 하지 말아야 할 것은 하지 않는다. 그리고 그 선을 지키어 꼭 필요한 만큼만 한다. 이것이 절제이다." 한편 《원리》에 따르자면 "바른 태권도란 절제된 형식 속에서의 창조, 바로 그것이다."(50장) 이것은 틀린 말이 아니다. 그만큼 태권도에서는 절제가 중요하다. 즉 "태권도를 하는 이는 남을 다스리기보다는 스스로를 다스리기에 먼저 힘쓰고, 남을 제압하기보다는 스스로를 절제함에 먼저 힘쓰며, 남을 이기기보다는 스스로를 이기기에 먼저 노력한다."(《원리》 39장) 이것이 바른 태권도인인 것이다.

다음으로 중용이란 무엇인가? 〈국기원〉에서 말하기를 "중용은 균형을 잡는 것이다. 지나치게 한 쪽으로 치우치지 않는 것이 곧 중용인 것이다."라고 하였다. 왜 중용을 추구하는가? ≪삼재강유론≫에서는 다음과 같이 말하였다. "하늘의 길은 끊임없는 변화의 길을 따름이다. 그러므로 그 변화가 다함인 끝을 피한다. 이와 같이 변화의 끝을 피하고 가운데를 지키는 것을 '중용'(中庸)이라고 한다."(3부5장) 그러므로 변화의 중심을 유지하여 현재의 변화인 자신이 하고자 함을 유지하기 위하여 중용을 유지하는 것이다.

〈국기원〉에서는 "의(義)는 의로움을 나타낸다. 이러한 의로움이 있어야 인간의 도덕적 의무를 수행할 수 있다."라고 하였다. 의롭고자 하지 않는다면 도덕적인 것을 따지지 않을 것이다. 그래서 ≪삼재강유론≫에서도 말하기를 "잘못된 것에 대해 분노할 수 있어야 정의롭게 바로 잡고자 하는 마음과 행동이 나온다."라고 하였다.(5부5장) 같은 뜻이다.

또한 〈국기원〉에서는 "예(禮)는 예의를 가리킨다. 예를 갖추어야 다른 사람을 존중하고, 그리하여 다른 사람들과 협동할 수 있다"고 말한다. ≪원리≫에서도 말하기를 "〈태권도〉에 이미 상대를 긍정함이 들어 있고 그 긍정은 상대를 사람으로서 인정하고 존중함을 포함한다. 따라서 태권도에는 필수적으로 예절이 따른다."(8장)고 하였다. 또한 ≪심경≫에서도 말하기를 "강한 자에게 예를 갖추면/ 목숨을 건질 수 있고/ 약한 자에게 예를 갖추면/ 존경받을 수 있다."(2장6절)라고 하였으니 역시 〈국기원〉이 말한 바와 같은 것을 의미한다.

3) 태권도 기법의 정신

《국기원》에 따르면 태권도 기법의 내면적 정신은 기법을 사용하여 상대를 제압할 때 태권도인이 갖추어야 하는 정신을 설명한다.

표 3.2.3. 태권도 기법의 내면적 정신

기법	덕목	내용 설명
무극	살의	상대를 제압하는 기법의 중심에 있는 상대를 해치 고자 하는 마음
삼재	용기	두려움을 지우는 것.
	살핌	상대와 나를 이해하고, 예측하고 알아내는 것. 지피지기(知彼知己)
	분노	기법을 쓰기 시작하는 마음. 의분(義奮)
음양	강(剛)	상대의 약한 곳에 나의 힘과 동작을 집중하는 것.
	유(柔)	상대의 움직임에 따르는 것.

《국기원》에서 말하기를 "일기예의 기본 정신은 살의(殺意)이다."라고 하였다. ≪삼재강유론≫에서는 말하기를, "태권도 자세를 바르게 하는 뜻은 살의(殺意)이니 이는 곧 공격의 마음이다."(3부2장1절)라고 하였다. ≪원리≫에서는 "상대를 공격함에 있어서 자신의 살의(殺意)로써 먼저 상대를 찌르고 눈빛으로 상대를 잡으며 자신의 움직임으로 상대를 제압한다."라고 말한다.(34장) 이

것은 살의가 어떻게 상대를 제압하는 데에 작용하는지를 잘 보여준다.

"태권도 동작은 공방을 통해서 상대를 제압하는 움직임이며 이 움직임은 그 마음이 살의를 품을 때 저절로 바르게 될 수 있다." (《삼재강유론》, 3부2장1절) 〈국기원〉에서 말하듯이 "태권도 기법은 상대를 제압하는 기법, 해치는 기법이다. 이 기법을 씀에 있어서는 상대를 해치고자 하는 마음이 있어야 한다. 살의가 그것이다." "이 살의가 없을 때 태권도의 동작은 사람이 하지만 기계적인 움직임이 되고 춤처럼 모양새에 의지하나 춤만큼 멋있거나 그 모양 자체가 의미있지도 않다."(《삼재강유론》, 5부5장)

그러므로 〈국기원〉이 말하는 바와 같이, 살의를 가지라는 것은 "나쁜 사람이 되라는 뜻이 아니다. 나를 해치는 사람을 제압하기에 충분한 살의를 일으키라는 것을 말한다. 적절하게 살의를 일으키는 것도 결코 쉽지 않다. 수련이 필요하다." 《삼재강유론》에서 말하는 바와 같이 "태권도인의 살의는 분노에서 시작되고 그 분노는 옳고 그름을 분명히 하는 땅의 길에 의지한다."(5부5장) 그러므로 태권도의 살의는 정의를 밝히고자 하는 분노의 근원일 뿐이다.

한편 〈국기원〉에 따르면 "용기는 두려움을 지우는 것이다. 두려움이 있으면 공방이 시작될 수 없고, 공방에서 우세할 수 없다." 《원리》에서 말하기를 "수행과 단련을 통한 이러한 자신감과 확신 없이 나오는 용기는 진짜 용기가 아니다."(32장)라고 하였듯이 태권도의 용기는 수련에 기초해야만 한다. 그리고 그 수련이란 곧 기법의 수련이다.

태권도에서 '살핌'은 조심하여 경계하고 많은 것을 상세히 관찰한다는 의미이다. 〈국기원〉에서 "살핌은 상대와 나를 이해하고, 예측하고 알아내는 것이다. 곧 지피지기(知彼知己)이다. 이러한 살핌이 없다면 막무가내의 공방이 이루어진다. 결코 성공할 수 없다."라고 말할 때도 이것을 의미한다. 예를 들어서 "상대를 살피는 것은 상대를 속이기 위해서이다."(《삼재강유론》, 8부5장) 이러한 살핌은 각각의 기법 수련에서도 필요하다. 《심경》에서 "기법의 수련은/ 칼을 가는 것과 같다./ …〈중략〉…끊임없이 살피며 갈아야 한다"(5장8절)라는 내용도 이것을 잘 의미한다.

분노는 화냄을 의미한다. 〈국기원〉에 따르면 "분노는 기법을 쓰기 시작하는 마음이다."라고 하였는데, 이것은 실제적인 경험과 매우 잘 일치하는 지적이다. 분노하지 않으면 상대에 대한 공격에 진정성이 없어진다. 그만큼 분노는 기법의 정신으로서 중요하다. 그래서 《삼재강유론》에서는 분노에 대해서 다음과 같이 설명한다.

반드시 마음을 닦는 것과 더불어 시작해야만 한다. 그것은 구체적으로는 자신의 분노를 일으킬 수 있는 것, 그다음에 그 분노를 통제할 수 있어서 크게는 윤리적 명분에 일치시키며 작게는 기법의 〈새〉와 〈날〉을 절제하는 것으로 나아가며, 마지막에는 그 분노를 잃지 않으면서도 분노를 잊는 것이다. 즉 무념무상의 상태이며 〈선인지로〉의 심법이다.(5부5장)

집중과 따름은 〈강유〉에 대한 설명에서 나타난 바와 동일한 의미의 원리이다.

4) 태권도 수련의 정신

〈국기원〉에 따르면 태권도 수련의 정신은 수련의 과정에서 태권도인이 갖추어야 하는 정신을 설명한다. 즉 "수련에서의 정신은 태권도 수련을 위해 도장에서 활동할 때의 정신자세를 가리킨다."
(국기원, 2011)

표 3.2.4. 태권도 수련의 정신

수련	덕목	내용 설명
무극	초극	다만 초월하는 것이 아니라, 극복함으로써 초월하는 것.
삼재	성실	성실하면 꾸준히 수련하고 좋은 성과를 냄. 수련의 토대가 되는 정신.
	바름	수련을 올바르게 한다는 것. 수련의 효과를 결정.
	수신	성실하고 바른 수련을 통해 개인적으로 얻어지는 결과

음양	기초	태권도의 기본동작, 혹은 기본 요소들을 체계적으로 조직화한 것
	응용	하나의 기법을 다양한 상황과 조건에서 활용하는 것.

첫째, '초극'이란 무엇인가? ≪원리≫에서는 다음과 같이 말한다. "태권도를 연습하는 과정이란 항상 자기의 한계를 뛰어넘는 과정이어야 한다. 자신의 한계 밖으로 나간다는 것, 그것이 초극이다."(59장) 〈국기원〉에서는 보다 간단하게 설명한다. 즉 "초극은 초월하여 극복함을 의미한다." 그리하여 '피와 땀과 눈물로 표상되는 모든 고난과 어려움을 초월'하는 것이 초극이다.(국기원, 2011)

기법에 있어서 초극은 일기예에 도달함으로써 얻어질 수 있다. ≪심경≫ 1장 6절에서는 다음과 같이 말한다.

일기예는 초월일 뿐이다.
삶의 안쪽으로의 초월.

'성실'은 초극을 위해서 필요하다. 〈국기원〉에서는 말하기를 "성실하면 꾸준히 수련하고 좋은 성과를 낼 수 있다. 수련의 토대가 되는 정신이다."라고 말하였다. 태권도의 수련은 1차적으로 강함을 목적으로 하는데, ≪원리≫에 따르면 강함이란 "자기 생활의 전부가 성실하고 적극적인 모습으로 초극을 통해 다듬어짐으로써 얻어진다."(32장) 성실이 필요한 까닭이다.

"바름은 수련을 올바르게 한다는 것을 의미한다."(국기원, 2011), 왜 바름이 필요한가? ≪삼재강유론≫에 따르면 "올바름을 따라서 움직이면 많은 것을 생각할 필요"가 없기 때문이다. 그리하여 "단지 올바른 길을 따름으로써 상대의 모든 공격의 가능성을 봉쇄하고 상대의 공격을 막는다. 또한 단지 올바른 길을 따르기 때문에 상대의 강한 곳을 피하고 약한 곳을 공격하게 되며 상대의 움직임에 따라서 기술은 저절로 변하게 된다."(≪삼재강유론≫, 3부11장) 그렇다면 구체적으로 무엇이 바른가를 따져야 한다. 그 답은 원리를 따르는 것이 바름이라고 할 수 있다.

수신이란 성실하고 바른 수련을 통해 개인적으로 얻어지는 결과를 가리킨다. 그것은 자기를 닦는 것이다. 〈국기원〉에 따르면 이러한 "수신은 성실하게 바른 수련을 하는 목적이다." ≪삼재강유론≫에서는 말하기를 "생활과 삶의 모든 영역에까지 미치는 성실함의 중요성, 이것이 곧 수련에 있어서 하늘의 길이 뜻하는 바이다. 그 내면적 이념은 사람의 길로서 곧 수신(修身)이다."라고 하였다.(3부10장) 이를 통해서 성실을 통해서 무실역행(務實力行)을 닦아 수신을 얻음을 알 수 있다.

〈국기원〉에 따르면 "수련을 할 때 가장 구체적인 요소는 2가지이다. 기초와 응용이다."라고 하였는데, 이것은 옳다. 그렇다면 기초란 무엇이고 응용이란 무엇인가?

≪삼재강유론≫에서 말하기를 "기초란 태권도의 기본동작, 혹은 기본 요소들이 체계적으로 조직화된 것을 가리킨다."고 하였다.(3부8장) 즉, "기초는 모든 수련의 궁극적 중심이어야 한다."(3부8장) 기초를 통해서 태권도 기법과 정신에서 변화하지 않는 모든 요소를 체득하고 숙달한다.

　응용이란 이러한 불변적 요소들을 상황에 맞게 적용하는 것이다. 기초를 알아도 응용을 모르면 작은 곳에서 실패하기 쉽다. 〈국기원〉에서 말하기를 "기초가 없이 응용만 하면 겉이 화려하나 속은 텅 빈 수련이 된다. 기초만 있고 응용이 부족하면 필요할 때 수련한 바를 사용할 수 없게 된다. 힘든 수련이 무의미하게 되는 것이다."라 하였다. 하지만 응용을 모르는 기초는 그 수련 자체가 정확하기 어렵다. 따라서 응용과 기초는 균형을 이루어야 한다.

　≪원리≫에서 이르기를 "태권도 동작의 무궁한 변화와 응용이 이 기본을 중심으로 이루어진다."하였으니 여기서 기본은 기초를 말하는 것이요, 이와 같은 방식으로 응용과 기초는 서로 연관된다.

3. 태권도 정신체계의 특징

〈국기원〉에 따르면 이러한 태권도의 정신체계에는 다음과 같은 특징들이 있다.

표 3.3.1. 태권도 정신체계의 특징

기법의 마음씀	내용
(1) 보편성	삼재강유론에 기초한 태권도 정신의 체계가 보편성을 가지고 있다.
(2) 특수성	한국 문화의 특수성을 잘 반영한다.
(3) 단순성	그 내용이 지나치게 많은 덕목으로 구성되는 것이 아니라 압축적이다.
(4) 일치성	태권도 정신이 태권도의 수련과 일치한다.

태권도의 정신체계는 보편적인 인간의 정신적 덕목들로 구성되면서도 태권도적인 것이다. 어떻게 그럴 수 있는가 하면 바로 일치성에 답이 있다. 즉 태권도 정신체계는 기법 체계와 일치하는 것이다. 그 일치는 기법 사용의 실제에 있어서나 정신체계와 기법체계의 구성 형식에 있어서나 마찬가지이다. 〈국기원〉에서는 다음과 같이 말한다.

이렇게 태권도의 정신성이 태권도 기법과 관계가 깊다면

그것은 유사한 형식의 구조를 가지고 있을 것이다. 삼재강유의 태권도 철학에서 제시하는 정신의 체계 역시 이런 전제에서 출발한다.(국기원, 2011)

IV. 태권도 기법론

1. 태권도 기법의 본질과 무도성
    1) 무도(武道)로서의 태권도
    2) 태권도의 무도적 실전성

2. 태권도 기법의 원리적 이해
    1) 기법 사용의 마음
    2) 강유의 결합
    3) 거리 · 기세 · 균형
    4) 삼재와 일기예
    5) 태권도 기법의 팔괘 분류

3. 태권도 기법 원리 각론
    1) 움직임의 원리
    2) 발차기의 원리
    3) 주먹지르기의 원리
    4) 발놀림의 원리
    5) 꺽기와 풀기의 원리

태권도 철학·원리 집요
跆拳道哲學·原理 輯要

IV. 태권도 기법론

1. 태권도 기법의 본질과 무도성

1) 무도(武道)로서의 태권도

태권도기본교재(2012)에 따르면, "태권도 기법에 대한 논의는 모두 근본적으로 기법의 원리에 대한 논의이며, 따라서 태권도 철학의 주제이다."라고 하였다.(94쪽) 하지만 ≪삼재강유론≫ 4부2장에서 지적하듯이, 기법 자체는, "그 스스로 상대를 제압하지는 못한다. 그리하여 사람이 땅의 길을 다스린다고 하는 것이다. 한편, 사람이 땅의 길을 다스림에 있어서 무엇이 올바른가를 아는 것이 하늘의 길이다. 그것이 태권도학[跆拳道學]의 핵심이며 곧 〈인중천지일〉이다. 이를 통하여 우리는 다시 삼재가 하나임을 안다."

태권도기본교재(2012)는 또한 다음과 같이 말한다.(94쪽)

태권도의 모든 기법은 궁극적으로 무엇을 위해서 존재하는 가? 이것이 태권도 기법에 대해서 고찰할 때 근원적으로 답해 져야 하는 질문 중의 하나이다. 그리고 이것이 곧 태권도의 무 도성(武道性)에 대한 해답의 근원이기도 하다.

태권도기본교재(2012)에 따르면, 태권도 기법의 목적에 대한 답은 다음의 두 가지 조건을 만족해야 한다.

표 4.1.1. 태권도 기법의 목적이 두 조건

태권도 기법의 목적	내용
목적의 궁극성 조건	그 목적은 다른 여하한 여건과 가치관이 바뀌더라도 사람들에게 중요하고 필수적인 가치이어야 한다.
목적의 본질성 조건	그 목적이 다른 것이 아닌 '태권도 기법'을 통해서 우리가 추구할만한 목적이어야 한다.

태권도기본교재(2012)에 따르면, 태권도 기법의 목적은 "상대를 제압하고 나를 보호하는 것이다. 그리하여 나와 내 가족을 보호하는 것이다."라고 하였다.(95쪽) 한편 ≪심경≫에서도 이르기를 "모든 태권도를 수련하는 모든 사람들에게 공통적인 수련의 목적 또한 있다. 그렇기 때문에 그들이 모두 태권도를 수련한다고 할 수 있는 것이다. 그것은 가능한 최악의 순간까지 자신과 자신의 가족, 혹은 그만큼 소중한 어떤 사람들을 보호할 수 있는 최소한의

능력을 미리 준비하는 것이다."(6장12절)라고 하였다.

2) 태권도의 무도적 실전성

무도적 실전성에 대한 정의는 이창후(2011)에 의해 다음과 같이 제시되었다.(태권도기본교재, 2012, 98쪽)

> 무도적 실전성이란, 태권도 상황에서 문제를 해결하는데 필요하거나 도움이 되는 모든 신체적 공방활동의 특징이다.
> (이창후, 2011)

여기서 말하는 '태권도 상황'이란 다음과 같다.

> 여러분이 집에서 가족들과 함께 잠을 자는 상황을 가정해 보자. 잠을 자다가 어느 순간에 여러분 자신이 잠을 깼다. 그러자 어두컴컴한 방 안에서 분명히 있어서는 안 될 사람들의 모습이 보인다고 해 보자. 그 사람은 얼굴을 가리고 있고 이불이 펴져 있는 방 안에 신발을 신고 들어 온 건장한 남자이다. 이 경우에 당신은 무엇을 어떻게 할 것이며, 할 수 있겠는가?
> (이창후, 2011)

태권도기본교재(2012)에 따르면 여기서 말하는 '태권도 상황'이
란 다음과 같은 특징들을 함축한다.(97~98쪽)

표 4.1.2. 태권도 상황의 특징

태권도상황의 특징	내용
무제한적 당위성	상대를 제압해야 하는 필요성은 원초적인 것이고 그리하여 무조건적인 것이다.
현실적 발생가능성	동서고금에 상관없이 많은 사람이 범죄에 희생당하고 있으며, 그런 범죄를 법과 제도가 미리 모두 막지는 못한다. 그런 의미에서 태권도 상황은 현실적이다.
상황적 불투명성	상대가 1명인지 혹은 여러 명인지, 무기를 들었는지 들지 않았는지, 상대가 어느 정도의 실력을 갖췄는지 등이 불분명하다.

이창후(2011)와 태권도기본교재(2012)에 따르면 태권도가 무도이
고자 할 때 태권도 기법이 갖추어야 하는 조건은 다음과 같다.

표 4.1.3. 무도로서의 태권도 기법이 갖추어야 하는 조건

실전성의 조건	내용
무조건적 절실성	상대를 얼마만큼 제압하고 어떻게 제압해야 하며, 어떤 식으로 하면 안 되는지에 대한 제약이 없다.
준비 책임성	태권도 기법은 많은 사람이 익힐 수 있도록 습득과 사용에 효율적인 기법이어야 한다.
상황적 효율성	오직 최대한 효율적으로 상대를 제압할 수 있는 기법이어야 한다.

2. 태권도 기법의 원리적 이해

1) 기법 사용의 마음

《삼재강유론》에서도 이르기를 "태권도는 길이요, 마음의 길이다."(9부1장)라고 하였다. 〈국기원〉에서도 이르기를, "태권도의 기법이 이루어지기 전에 태권도의 마음이 이루어져야 한다"하였다. 즉, "마음이 없는 기법은 태권도의 기법이 아니다. 그저 단순한 움직임일 뿐이다. 그것은 무용보다 아름답지도 못하면서 태권도만큼 유용할 수도 없다."

〈국기원〉에 따르면, "태권도의 기법 속에 올바른 마음의 길이 있다. 그 원리 역시 삼재의 길을 따라 3단계로 구분된다. 즉 분노를 느낀다, 상대를 살핀다, 두려움을 지운다. 이것은 사람, 땅, 하늘의 순서이다." 이와 관련된 상세한 내용을 표로 정리하면 다음과 같다.

표 4.2.1. 태권도 기법에서 마음의 원리 (국기원, 2011)

삼재	순서	내용	이유
사람	분노를 느낀다	분노를 느끼는 것은 잘잘못을 따지기 때문이다.	잘잘못을 따지는 것은 옳고 그른 것을 생각하고 그것을 잃지 않고자 하기 때문이다. 분노를 느끼지 않으면 잘못된 것을 고치고자 하는 마음을 일으킬 수 없다.

땅	상대를 살핀다	상대를 살피는 것은 상대를 속이기 위해서이다.	상대를 살피는 것은 분노가 자신의 마음 안에서 그쳐서는 안 되기 때문이다. 어떻게 바로잡을지를 알고자 하기 때문에 살핀다. 이 냉정한 분별심이 없으면 마음만 앞설 뿐 실제로 잘못을 바로잡을 수 없다.
하늘	두려움을 지운다	두려움을 지우는 것은 편안한 마음으로 집중할 수 있기 위해서이다.	두려움을 지우는 것은 스스로 나아가기 위해서이다. 무엇이 잘못되었는지 알고 또 그것을 어떻게 바로잡아야 하는지를 알더라도 스스로 그것을 고치지 않으면 허망하다.

태권도에서 마음의 원리는 중요하다. 하지만 사람들은 그 중요성을 잘 알지 못한다. 그 까닭은, 마음은 생각이 바뀜에 따라서 금방 쉽게 바뀔 수 있다고 잘못 생각하기 때문이다. 하지만 ≪심경≫에서는 다음과 같이 말하였다.

"마음은 한 순간에 변하지 못한다. 그래서 친절히 상대를 대하다가(자신의 마음을 숨기다가) 공격의 마음을 일으킬 때에는 기미가 생기기 마련이다. 특히 상대를 해치는 것이 대단한 일이고 그것에 익숙하지 않은 사람에게는 더욱 그러하다."
(3장10절)

특히 기법 사용에 있어서는 "망설이지 말라, 끊이지 말라, 얽매이지 말라."의 세 원칙을 잊어서는 안 된다. ≪원리≫에서는 다음과 같이 말하였다.

상대와 같이 움직이는 태권도인의 마음은 어떠해야 하는가? 우선 망설이지 말라. 마음을 비우고 결단하라. 결국에는 결단을 없애고 순응해야 한다. 상대와 마주 선 속에서 끊임없이 노리면서 움직이는 시간은 결코 길지도 짧지도 않은 영원한 한 순간! 그 안에서 자신을 상대에게 던질 수 있어야 한다. 위험 속으로 자신을 던지지 않고서는 강해질 수 없으며 강해지지 않고서는 상대를 제압할 수 없다. 상대를 향해 자신을 던짐과 자신을 향해 상대를 던짐은 같은 것이다.(23장)

2) 강유의 결합

〈국기원〉에 따르면, "태권도 기법의 최종적인 원리는 강유의 원리이다." ≪삼재강유론≫에서는 이르기를, "강유의 기법이 결합하면 그 변화가 무궁무진하다. 그것은 음양이 결합하여 사상과 8괘, 64효로 변화하는 것과 같다."(8부1장)라고 하였다.

이에서 개념적으로 구분되는 강기와 유기가 실제로 태권도의 기법 안에서는 어떻게 항상 일체가 되는지가 문제 된다.

예를 들자면, 몸을 움츠리면서 상대의 움직임을 따른다. 이 때 움츠림은 강기의 요소이고, 따름은 유기의 요소이다. 그러므로 강기 안에 유기를 담을 수 있다.

또 다른 예로 불필요한 힘을 빼고 나의 움직임을 집중시킬 수 있다. 이 때 힘을 빼는 것은 유기의 요소이고, 움직임을 집중시키는 것은 강기의 요소이다. 그러므로 유기 안에 강기를 담을 수 있다.(국기원, 2011)

표 4.2.2. 강유 일체의 방법

원리	의미	방법
강유 일체의 방법	강기 안에 유기를 담음	몸을 움츠리면서 상대의 움직임을 따름.
	유기 안에 강기를 담음	불필요한 힘을 빼고 나의 움직임을 집중시킴

《원리》에서 말했듯이 "아무리 날카로운 기법도 상대의 방어를 지나 상대에게 이르기 위해서는 그 속에 부드러움을 담고 있지 않으면 안 되고, 아무리 부드러운 기법도 상대에게 이르러 상대의 의지를 깨뜨리기 위해서는 그 속에 날카로움을 담지 않으면 안 된다."(41장) 즉 강기와 유기는 서로를 안에 담고 있어야만 하는 것이다.

〈국기원〉에 따르면, "강기와 유기를 서로 안에 담는 것뿐만이 아니라, 강기에서 유기로 유기에서 강기로의 변화도 중요하다." 구체적으로 어떻게 강기와 유기를 연결하는가? "위를 지르고 아래를 찬다. 상대의 발을 밟고는 주의가 아래로 떨어지면 얼굴을 친다. 얼굴을 피하면 자세를 낮추면서 상대의 급소를 치거나 발목을 잡아당겨 쓰러뜨린다. 또 상대를 당겼다가 저항하면 밀어서 넘어뜨린다. 상대를 밀었다가 상대가 버티면 다시 당겨서 던진다. 이러한 움직임의 변화 속에서 강기와 유기를 연결한다."(《삼재강유론》, 4부3장)

그 기본적인 내용은 다음의 표로 충분히 설명된다.(국기원, 2011)

표 4.2.3. 강유 일체의 기본 내용

근본	개념	구분	구체적 의미	근본 이치
강유 (剛柔) 일체 (一體)	강유 (剛柔) 의 변화	유기에서 강기로	상대를 따름(유기)에 있어서 상대를 흩어내고 자신의 기법을 집중(강기)시킴	"차면 기우는 것이 자연의 이치" 이다. (『주역』, 건괘)[1]
		강기에서 유기로	기법을 집중(강기)시킴에 있어서 나에게 유리한 입장을 확보하고 상대의 사소한 움직임을 따름(유기)	
	강유 (剛柔) 의 포함	강기안의 유기	자세의 이로움을 빌면서 자연을 따라(유기) 힘을 만들고 집중(강기)시킴.	
		유기안의 강기	상대를 따르는(유기) 끝에서 상대의 비어있는 허점에 나의 힘을 집중시킨다.(강기)	

---

1. 『周易』, 乾卦: " … 盈不可久也."

3) 거리·기세·균형

〈국기원〉에 따르면 "인간의 움직임의 〈도〉이자 공방의 변화의 원리인 〈태권도〉는 거리·기세·균형의 요소로 다시 분석될 수 있다." 태권도인이 공방을 전체적으로 제어할 때 초점을 맞추어야 할 무형의 요소들이 거리, 기세, 그리고 균형이다. 이 요소들을 정확히 하지 않으면 기법이 정확할 수가 없고, 반대로 이 무형의 요소들이 정확해지면 기법이 곧 정확해진다.

거리·기세·균형에 대한 내용을 표로 미리 요약하면 다음과 같다.(국기원, 2011)

표 4.2.4. 거리·기세·균형의 기본 개념

구분	개념	삼재
거리	자신과 상대 사이에 있는 모든 것	하늘+땅
기세	자기 안에 세상의 변화를 축적하여 그 기운과 흐름을 바깥으로 드러내는 것	하늘+사람
균형	각 부분의 변화들을 잘 다스려서 전체가 고요한 상태	땅+사람

먼저 '거리의 원리'를 보자.

《원리》에 따르면, 태권도에서의 거리란 자신과 상대 사이에 있는 모든 것이다.(20장) 거리는 태권도의 삼재에서 하늘과 땅이 하

나가 되어 생기는 것이다.(≪삼재강유론≫, 6부9장1절)

≪삼재강유론≫에서는 다음과 같이 말한다. "주먹으로 상대를 치려고 다가가다가 상대의 발길에 먼저 차인다. 이는 자신의 거리만을 생각하고 상대의 거리를 생각하지 않기 때문이다."(6부9장1절)

〈국기원〉에 따르면, "태권도에서는 적절한 거리를 찾는 것이 전술적으로 매우 중요하다. 그 적절한 거리를 '태권도의 거리'라고 부른다." 태권도의 거리란 무엇인가? 그것은 곧 '상대가 의도하는 바는 미치지 않으며 자신이 의도하는 바만이 미치는 그러한 거리'이다.

≪원리≫에서는 다음과 같이 말한다. "태권도인이 자신에게 적절한 거리를 안다면 그는 자신이 어떤 상태에서 어떤 움직임을 할 수 있으며 또 해야 하는가를 알고, 따라서 그는 자신을 안다. 태권도인이 상대의 거리를 안다면 그는 상대가 어떤 상태에서 어떤 공격을 가해올 것이며 어떻게 방어할 것인가를 알고, 따라서 그는 상대를 안다. 그 두 가지를 한가지로 파악할 때 태권도인은 '태권도의 거리'를 안다."(20장)

〈국기원〉에 따르면 "태권도의 거리의 예는 이렇다. 즉, 상대가 공격해 들어오는데, 내가 옆으로 비스듬히 빠져서 상대에 대한 공격준비를 한다. 이 때 상대는 사각으로 빠진 나를 공격하기 곤란하지만, 나는 상대를 공격하기에 최적의 위치에 있게 된다." ≪삼재강유론≫ 4부4장2절의 그림은 이것을 잘 보여준다.

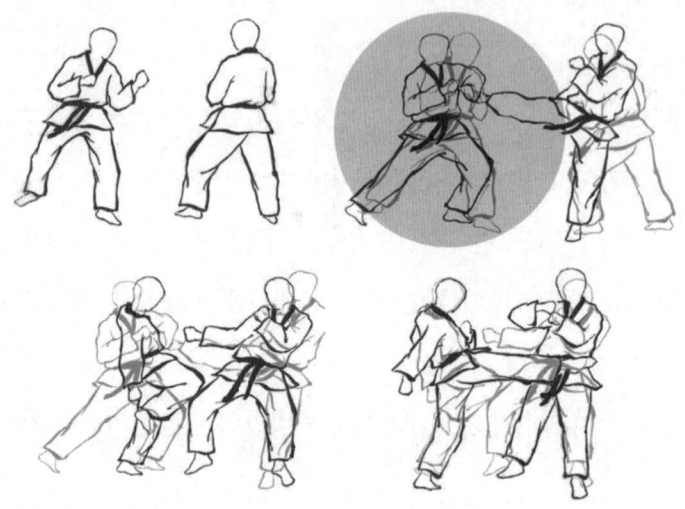

그림 4. 받아차기의 실패: 상대의 발차기를 피해 물러날 때에도, 몸은 물러나지만 마음은 오히려 접근해야 한다. 그리하여 상대로부터는 멀지만 나로부터는 가까운 태권도의 거리를 유지할 수 있다. (≪삼재강유론≫, 4부4장2절)

둘째는 '기세의 원리'이다.

"기세란 곧 상대와 자신의 전체적인 움직임과 기운의 양상이다."(≪원리≫, 21장) ≪삼재강유론≫에서 말하기를, "기세란 것은 모든 변화와 싸움 속에서 그 흐름을 표현하고 좌우하는 것"이라고 하였다.(6부9장2절)

"상대가 선제공격을 하려고 의도한다. 내가 이러한 의도를 알고서 빈틈을 주고서는 들어오는 상대를 물러나면서 비킨 후 받아찬다. 태권도의 기본적인 전술 중 하나이다. 혹은 상대가 조급하게 계속 공격하면 적절한 거리 조절로 상대의 공격을 무마시키면서 지치게 만든다. 이 모든 것이 기세를 조절하는 것이다."(국기원, 2011) 이와같이 "기세란 자기 안에 세상의 변화를 축적하여 그 기운과 흐름을 바깥으로 드러내는 것이요, 그 세상의 변화란 자신과 상대와의 관계, 자신과 세상과의 관계, 상대와 세상과의 관계를 포함한다."(≪원리≫, 21장)

〈국기원〉에서 따르면, "기세가 조절되지 않으면 … 상대가 기다리는 데 성급하게 뛰어들기도 하고, 상대의 대담하고 급작스러운 공격에 당황하여 제대로 맞받아 공격하지도 못한다. 그리하여 공방에서 밀린다."

셋째는 '균형의 원리'이다.

〈국기원〉에서 말하였다. "균형이란 무엇인가? 저울의 양쪽이 무거워서 기울어지려 함이 서로 같아서 저울의 팔이 움직이지 않는 것이 균형의 한 예이다. 팽이가 빙글빙글 돌면서도 그 회전에 의해 쓰러지지 않고 고요히 서 있는 것도 하나의 균형이다." ≪원리≫에서도 이처럼 말한다. 즉 "균형이란 각 부분의 변화들을 잘 다스려서 전체가 고요한 상태이다."(22장)

균형은 파괴력의 원천이다. 근육의 힘이 아니라 균형을 통해서 파괴력을 만드는 것이다. "이러한 균형이 없이는 사람이 움직임 속에서 파괴력을 만들어낼 수 없다. 사실상 모든 사람이 공방에서 사용하는 힘은 모두 균형의 조절에서 나오는 것이다. 그렇기 때문에 도망가듯 물러나는 상대는 결코 제대로 반격할 수 없다. 또한 한발로 서서 균형을 잃은 상대는 덩치가 아무리 커도 힘을 쓸 수 없다."(국기원, 2011) ≪원리≫에서도 이르기를, "이 균형을 다스리지 못하면 상대를 눌러도 그 누름에 무게가 없고, 상대를 쳐도 파괴력이 없으며, 제 몸을 가누고자 하지만 세상이 이를 돕지 않는다." 라고 하였으니 같은 의미이다.

4) 삼재와 일기예

〈국기원〉에서 말하였다. "태권도의 기본 기법은 태권도의 핵심이다." 이처럼 "태권도의 기본 기법이 단순하고 순간적인 동작이기 때문에 그것은 하나의 기예일 수밖에 없다. 그러므로 복잡한 원리로 설명한 태권도 공방의 기법들은 하나의 단순한 움직임 속에서 일체화되어야 한다. 즉 강유와 삼재의 원리는 근본적으로 하나로 일체화된다. 이것이 곧 일기예이다."

그러므로 ≪원리≫에서도 다음과 같이 말했다. "태권도란 무엇인가? 그것은 하나의 기예(技藝)이다. 태권도는 하나의 기예로 시작하고 하나의 기예 안에서 완성된다. 그 시작과 끝은 같다. 단순한 하나의 기예를 넘어서 태권도란 없다."(56장) 또한 ≪삼재강유론≫에서도 "철학적 원리로서의 〈태권도〉란 일기예의 분별적 형식으로서의 삼재와 강유일 뿐이다"라고 하였다.(2부1장)

일기예가 어떻게 삼재와 강유와 연결되는지에 대해서 ≪심경≫ 1장6절에서는 다음과 같이 말하였다.

일기예는 단순하다.

그것은
삼재의 순서를 하나로 합치고
강유의 기법을 뒤집을 뿐이다.

정근표(2011)는 이와 같은 태권도 철학에서의 삼재와 강유 개념의 실제성을 분석하였다. 정근표(2011)가 삼재 개념의 실제성을 설명하는 예는 몸통지르기와 앞차기의 경우이다. 삼재 개념에 따르면 우리가 태권도의 기법을 사용할 때 어떤 순서로 몸을 움직여야 하는지를 알 수 있다. 그것은 1) 자세를 먼저 낮추고, 2) 상대에게 접근한 후, 3) 준비된 기법을 사용해서 상대를 제압해야 한다는 것이다. 이것은 태권도의 원리 중 음양·강유·허실을 기법에 실제 활용하기 위한 전제조건으로서의 삼재이다. 즉, 내가 상대보다 유리한 위치를 선점해야 한다는 것이며 이것을 실현하기 위한 최적화된 개념체계가 곧 삼재인 것이다. 그 기본 개념을 작은 표로 다시 정리하면 다음과 같다.(국기원, 2011; 태권도기본교재, 2012, 74쪽)

표 4.2.5. 삼재의 실재성 분석

실질적 기법	구체적 의미	삼재	내용
일기예: 하나의 단순한 기법	유리한 위치를 선점하여 강유의 기법을 씀.	하늘	자세를 낮춤.
		땅	상대에게 접근함.
		사람	정확한 목표에 기법을 사용.

이 삼재의 기법적 의미의 기본적인 예를 ≪삼재강유론≫에서는 다음과 같은 그림으로 종합해서 설명한다.(태권도기본교재, 2012, 74쪽)

그림 5. 삼재의 길에 따른 움직임(이창후(2003) 8장 2절에서 인용)

첫째, 정근표(2011)에 따르면 이것을 그림으로 보면 간단해 보이고 쉬워 보이지만 결코 간단하지도 않고 쉽지도 않다. 정확히 수련하지 않은 사람들은 대부분이 앞으로 먼저 나가서 자세를 낮춘다.

하지만 삼재의 원리는 그림에서 보듯이 자세를 먼저 낮추고 앞으로 나아가야 한다. 정근표(2011)는 이 차이가 겉으로 봐서는 작아 보이지만 공방의 성공에 있어서는 매우 큰 차이를 보인다고 강조한다. 필자의 태권도 수련 및 지도 경험에서도 이 차이는 매우 중요하다. 달리 말하면 이 삼재의 원리는 모든 태권도 기법을 상대를 제압할 수 있는 기법으로 만드는 핵심 원리이다.

둘째, 발차기에서도 삼재의 요소는 중요하다. ≪심경≫ 4장 50절에서 이르기를,

발차기를 할 때에 특히 초보자가 유념해야 할 것은 다음과 같다.

첫째, 발차기를 할 때 발끝을 높이 들려고 해서는 안 된다. 무릎을 높이 들어야 한다. 발끝은 무릎이 들어 올려진 만큼, 자연스럽게 던지듯 찬다.

둘째, 발차기를 하면서 지지하는 발의 무릎을 펴서 편히 차려 해서는 안 된다. 차기 전에 일어서듯 솟아오르는 움직임이 있으면 그 발차기는 반드시 실패한다. 파괴력도 없다. 기본적으로 낮은 자세에서 버틸 수 있는 힘이 있어야 한다.

셋째, 다리를 뻗거나 펴는 근육의 힘에 의지해서 발차기의 파괴력을 만들려 해서는 안 된다. 발차기의 힘은 첫째는 속도, 둘째는 자세의 균형에서 생겨난다.

정근표(2011)도 지적하듯이 이러한 ≪심경≫의 내용은 정확히 경험적인 것이다.

셋째, 태권도기본교재(2012)에 따르면 "차는 발의 무릎을 강조하는 태권도인들은 많지 않지만 발차기를 할 때 지지발을 항상 굽혀서 자세를 낮추는 것도 매우 중요하다." 태권도기본교재(2012)는 지지발을 굽히는 것의 중요성을 다음과 같이 숙달된 태권도인과 초보자의 발차기를 비교함으로써 강조한다.

이상과 같은 기법의 삼재는 곧 기법 사용의 3단계이고, 이것은 다시 〈국기원〉에서 말하는 태권도의 기법 원리와도 일치한다. 〈국기원〉에서 설명된 태권도 기법의 기본 원리들을 표로 요약하자면 다음과 같다.

표 4.2.6. 국기원(2011a)의 태권도 기법 원리

구분	움직임의 원리	발차기의 원리	주먹지르기의 원리
1)	자세를 낮춘다.	낮은 자세를 유지하면서 찬다.	낮은 자세를 유지하면서 지른다.
2)	즉각적인 공격 준비상태를 유지한다.	무릎의 각도와 위치로 기법을 결정한다.	발끝의 움직임과 주먹 끝의 타격이 일치해야 한다.
3)	움직임 속에서 변화해야 한다.	몸통의 움직임으로 타격력을 만들어야 한다.	팔의 힘과 주먹은 충분히 단련되어야 한다.

표 4.2.7 유단자와 초보자의 발차기 비교(태권도기본교재, 2012, 75쪽)

구분	발차기의 특징
숙달된 태권도인	실제로 그들이 발차기를 할 때에는 무릎을 거의 예외 없이 굽힌다는 것을 쉽게 볼 수 있다.
초보자	차는 무릎을 굽히라는 사범님의 지시를 충실하게 따름에도 불구하고 숙달되어 보이지 않는 경우가 많은데 그것은 주로 지지하는 발의 무릎을 굽히지 않기 때문이다.

또한 정근표(2011)도 겨루기의 경우, 맞춰겨루기에서의 경우 등, 여러 사례로 삼재강유의 원리가 태권도 기법에서 얼마나 중요하고 실제로 수련에서 유용하게 작용하는지를 설명한다.(태권도기본교재, 2012, 74~75쪽)

5) 태권도 기법의 팔괘 분류

각각의 분류 기준을 살펴보자. 태권도 기법을 분석하고 분류하기 위한 기준은 실용적이면서도 합리적이고 또한 포괄적이어야 한다. 이런 조건을 만족시키는 기법 분석 및 분류 기준이 여럿일 수는 있겠지만 많지는 않을 것으로 보인다. 필자는 1) 조건, 2) 행동, 3) 결과라는 기법 분석 기준을 제시하고자 한다. 이 기준을 "삼극(三極) 기준"이라고 부르겠다. 삼극 기준의 내용은 다음의 표와 같다.

표 4.2.8. 태권도 기법 팔괘 분석의 3극 기준 (이창후, 2012)

구분	세부 판단 기준	영역	삼재
조건 [의도]	기법의 시작이 자신/상대에게 의존하는가? 기법의 실행 여부가 자신/상대에게 의존하는가? 기술 실행의 결정이 자신/상대에게 의존하는가?	나의 주관	정신 [하늘]
동작 [작용]	기법의 동작이 집중인가 따름인가? 기법들의 연결이 꼭 필요한가? 균형과 박자가 절대적인가 상대적인가?	객관	기법 [사람]
결과 [상대]	상대의 움직임을 거스르는가, 올라타는가? 상대에게 주어지는 물리적 충격이 있는가 없는가? 근육의 힘을 쓰는가 조건과 약점을 이용하는가?	상대의 입장	수련 [땅]

삼극 기준에 따라서 강유를 분석하여 배열하면 다음의 표와 같이 모두 8개 부류의 기법들로 구분된다. (이창후, 2012)

표 4.2.9 태권도 기법의 8개 부류

기법	조건[의도]	동작[작용]	결과[상대]
깨기 [치기,차기]	강	강	강
찌르기 [치기,차기]	강	강	유
허물기	강	유	강
봉쇄	강	유	유
막기	유	강	강
관절기 (조르기,꺾기)	유	강	유
메치기	유	유	강
비키기	유	유	유

각 기법 군(群)의 괘상을 나타내면 다음의 표와 같다.

표 4.2.10 태권도 기법의 팔괘 분류 (이창후, 2012)

기법	괘상	예들
1) 깨기	☰	주먹지르기, 발차기
2) 찌르기	☱	손끝찌르기, 손날 목치기
3) 허물기	☲	가위접기, 멱살잡기
4) 봉쇄	☳	소매채기, 어깨밀기
5) 막기	☴	몸통막기, 얼굴막기
6) 관절기	☵	팔꺾기, 다리꺾기
7) 메치기	☶	넘어뜨리기, 업어치기
8) 비키기	☷	피하기, 물러서기.

태권도 기법의 팔괘 분류에 따른 주역의 괘상의 의미를 표로 정리하면 다음과 같다.(이창후, 2012)

표 4.2.11 팔괘의 상의와 태권도 기법의 비교 (이창후, 2012)

기법	괘상	명칭	주역의 의미
깨기 [치기,차기]	☰	건[乾]: 하늘	강건(剛健)한 성질: 강건하다. 굳세다, 다스린다. 튼튼하다. 이상이 높다. 까칠하다. 냉정하다.
찌르기 [치기,차기]	☱	태[兌]: 연못	기쁨, 교환, 날카로움, 속으로 단단하고 겉으로는 부드러움.

허물기	☲	이[離]: 불	떠나다. 분리하다. 떼어놓다. 나누다. 구별하다. 시비를 분별하다. 내편 네편을 가르다. 이별하다. 분쟁하다. 배반하다. 피하다. 잃다. 상실하다. 흩어지다.
봉쇄	☳	진[震]: 벼락	진동(震動), 분기(奮起): 두려워 떨다. 놀라다. 가만히 있다가 놀라 움직이다. 남이 놀랄 정도로 버럭 성내다. 지진이 일어나다. 권위가 세상에 떨쳐지다. 세상에 내 뜻을 드러내다. 세상이 놀랄만한 일을 내놓다.
막기	☴	손[巽]: 바람	유화(柔和), 부정(不定): 신용과 믿음이 간다. 공손하다. 친절하다. 부드럽다. 착실하다. 사교적이다.
관절기	☵	감[坎]: 물	움푹 패인 웅덩이: 험하다. 험난하다. 무덤 속 같다. 숨다. 묻다. 숨기다. 빠지다. 괴로워하다. 고생스럽다.
메치기	☶	간[艮]: 산	어긋남: 팽팽히 대립하다. 서로 물러섬이 없다. 거스르다. 어긋나다. 나아가다 멈추다. 한정을 긋다. 어려워하다. 일이 안되어 갑갑하다.
비키기	☷	곤[坤]: 땅	유순(柔順)한 성질: 길러낸다. 후덕하고 유순하다. 비어서 모든 것을 받아들이고, 온갖 것을 생산해낸다.

(1) 깨기

표 4.2.12 깨기 기법류의 삼재 분석

삼재 분석	분석 내용
내포	나의 주먹이나 발의 앞꿈치 같은 단단한 부위로 상대의 치명적인 부위를 깨뜨리는 기법

외연	거의 모든 종류의 지르기, 치기와 차기가 깨기 기법. 예) 성벽깨기(비켜 주춤서 몸통지르기), 턱차기(상대 턱 앞차기), 몸통 박치기, 얼굴 박치기, 쇄골자르기(손날로 쇄골치기) 등	
강유	조건[의도]: 〈강〉	깨기의 기법은 상대가 가만히 있어도 시작될 수 있다. 즉 상대가 특별히 어떤 공방을 하는가에 무관하게 내가 깨기를 시도하여 성공할 수 있다는 것이다.
	동작[작용]: 〈강〉	깨기의 기법은 상대의 약한 곳에 나의 강한 힘을 집중한다.
	결과[상대]: 〈강〉	기법의 결과는 상대의 신체 부위가 파괴되는 것이다. 힘을 쓴다.

깨기의 기법을 이해하기 위해서는 주먹지르기와 발차기에 대한 〈국기원〉의 다음과 같은 설명들을 참고해야 한다.

- 주먹지르기의 원리는 다음과 같은 셋이다.
1) 낮은 자세를 유지하면서 지른다.
2) 발끝의 움직임과 주먹 끝의 타격이 일치해야 한다.
3) 팔의 힘과 주먹은 충분히 단련되어야 한다.

- 발차기의 원리는 다음과 같다.
1) 낮은 자세를 유지하면서 찬다.
2) 무릎의 각도와 위치로 기법을 결정한다.
3) 몸통의 움직임으로 타격력을 만들어야 한다.

다음 그림은 깨기 기법의 한 예로 태권도의 대표적인 발차기 기술인 돌개차기이다.(이창후, 2012)

그림 6. 돌개차기

(2) 찌르기

표 4.2.13 찌르기 기법류의 삼재 분석

삼재 분석	분석 내용	
내포	나의 신체 무기로 상대의 약한 부위에 재빨리 적절하고 충분한 충격을 주는 기법	
외연	지르기와 차기, 치기 등의 기법 중 정밀하게 목표를 타격하는 것들 예) 안경씌우기(눈 찌르기), 정격파(앞굽이 몸통지르기), 명치 차기(몸통 앞차기), 손날 목치기, 손끝찌르기 등	
강유	조건[의도]: 〈강〉	깨기와 거의 동일하다. 즉 상대의 공방의 동작에 무관하게 내가 시도할 수 있다.

강유	동작[작용]: 〈강〉	깨기와 같이 상대적으로 상대의 약한 곳에 나의 강한 힘을 집중한다.
	결과[상대]: 〈유〉	찌르기 기법의 끝은 정확성에 있지 내 몸에 느껴지는 충격에 있지 않다. 내 손끝에 느껴지는 부드러운 느낌만으로도 안경씌우기는 성공할 수 있다. 기법이 성공했는지를 확인하는 것은 상대가 무력화되는가에 의존한다.

그림 7. 몸통지르기

(3) 허물기

표 4.2.14 허물기 기법류의 삼재 분석

삼재 분석		분석 내용
내포		상대의 신체에 특정한 방향으로 힘을 가하여 상대가 자유롭게 공방을 하지 못하거나 혹은 공방의 기회를 잃도록 하는 기법
외연		예) 멱살잡기, 머리카락 잡기, 오금밟기, 다리차기, 기울이기, 다리얽기, 팔얽기, 가위접기 등의 기법
강유	조건[의도]:〈강〉	허물기 기법의 시작은 상대에 의존하지 않는다. 상대를 따를 필요가 없고 의지의 집중이 필요하다.
	동작[작용]:〈유〉	깨기와 같이 상대적으로 상대의 약한 곳에 나의 강한 힘을 집중한다.
	결과[상대]:〈강〉	허물기 자체만을 본다면 그 끝은 상대에게 힘을 쓰고 있는 상태이다.

아래의 그림은 전통 태권도의 기법 중에서 가위접기를 보여준다.[2] 가위접기는 공격자가 자신의 두 다리로 상대의 두 다리를 걸어서 넘어뜨려 꼼짝 못 하게 만드는 기법이다.

그림 8. 가위접기.

---

2. Taewkdonbible. Vol.1. Ch.28.

(4) 봉쇄

표 4.2.15 봉쇄 기법류의 삼재 분석

삼재 분석		분석 내용
내포		나의 작은 움직임으로 상대방이 어떤 공격이나 방어를 시도하기 전에 그것을 방해하는 기법.
외연		예) 소매채기(상대 소매 잡아당기기), 어깨밀기, 발밟기, 손목걸기, 겨드랑이 끼우기, 무릎 닫기 등의 기법
강유	조건[의도]: 〈강〉	봉쇄 기법의 선행 조건[의도]은 상대에 의존하지 않는다. 봉쇄의 기법은 상대의 움직임에 앞서는 것이 중요하다.
	동작[작용]: 〈유〉	어떤 동작으로 상대의 움직임을 봉쇄할 것인가 하는 것은 상대에 따른다. 주먹을 내지르려 할 때는 어깨나 가슴을 밀어야 하고, 발차기를 하려 하면 무릎을 쳐야 한다.
	결과[상대]: 〈유〉	봉쇄가 이루어진 후 태권도인이 특별히 힘을 쓰거나 충격을 견디지 않는다.

봉쇄는 특히 강기의 차단에 효과적이다.(이창후, 2012)

《삼재강유론》에서는 다음과 같이 말한다. "강기를 차단하기 위하여 상대를 흩어버린다는 것은 무엇인가? 먼저 상대의 손과 발을 흩어서 서로 돕지 못하게 한다. 이것이 상대의 몸을 흩어버리는 것이다. 또한 상대의 균형과 기세를 흩어서 상대의 힘이 쓰이지 못하도록 한다. 이것이 상대의 기운을 흩어버리는 것이다. 그리고 상대를 속여서 상대의 감각과 지식이 집중되지 못하도록 한다. 이것은 상대의 마음을 흩어버리는 것이다."(7장6절)

아래 그림은 대표적인 봉쇄의 기법인 어깨밀기이다. 정확히 수련한 태권도 4단 이상이 구사할 수 있다.(이창후, 2012)[3]

그림 9. 봉쇄 중 어깨밀기

(5) 막기

표 4.2.16 막기 기법류의 삼재 분석

삼재 분석	분석 내용
내포	상대가 공격해오는 것을 내 손과 발, 혹은 기타의 무기로 직접 쳐내는 기법
외연	예) 몸통막기, 얼굴막기, 아래막기, 팔꿈치 막기, 정강이 막기 등의 기법
강유	조건[의도]: 〈유〉 / 막기 기법은 그 시작에 있어서 상대의 움직임에 따라서 성립한다.

---

3. Taekwondobible. Vol.1. Ch.38.

강유	동작[작용]: 〈강〉	나의 단단하고 강한 부위로 상대의 약한 부위를 부딪침으로써 막기를 한다.
	결과[상대]: 〈강〉	힘을 쓰는 방식이 효율적이고 충격은 분산되어서 상대적으로 약할 뿐, 결국 막기를 하면 내가 힘을 쓰고 충격을 견뎌야 한다.

아래의 그림은 태권도의 기본적인 막기 기법인 얼굴막기이다. (이창후, 2012)[4]

그림 10. 얼굴막기

---

4. Taekwondobible. Vol.1. Ch.54

(6) 관절기

표 4.2.17 관절기 기법류의 삼재 분석

삼재 분석		분석 내용
내포		나의 신체의 역학적 구조를 이용하여 상대의 신체 관절 중 취약한 부분을 손상시키는 기법.
외연		조르기, 꺾기 류의 기법들. 예) 손목 꺾기, 팔굽 꺾기, 무릎꺾기, 목 조르기, 손가락 꺾기, 어깨꺾기, 발목 꺾기, 목꺾기 등의 기법
강유	조건[의도]: 〈유〉	팔꺾기와 같은 관절기를 시작하려면 상대가 이 기법이 적용하기 좋은 동작을 해 줘야만 한다. 즉 상대의 움직임에 따른다.
	동작[작용]: 〈강〉	팔꿈치나 손목 등, 상대의 약한 부위인 팔꿈치 관절에 나의 두 팔과 온 몸의 힘을 집중시킨다.
	결과[상대]: 〈유〉	상대의 관절이 부러진 상태, 혹은 조르기가 성공한 상태에서는 내가 힘을 쓰지 않는다.

관절기를 이해하기 위해서는 〈국기원〉의 다음과 같은 설명들을 참고해야 한다.

- 실제적인 상황에서 상대의 관절을 꺾기 위해서는 상대의 관절에 나의 많은 힘을 집중해야 한다. 그럼으로써 비로소 상대의 기력이 전체적으로 나보다 세다고 하더라도 내가 상대의 관절을 성공적으로 꺾을 수 있다.

- 집중과 함께 분산이 같이 이루어져야 한다. 나는 집중을 달성하고 상대는 분산시켜야 하는 것이다.

- 꺾기 기법은 지르기나 차기에 비해서 느리기 때문에 꺾는 상

대의 신체를 순간적으로라도 고정시켜야만 한다.

- 상대의 관절을 쉽게 꺾기 위해서는 나선운동의 원리를 적용해야 한다. 나선운동에는 좌우굴신과 회전이 결합되어 있다.(국기원, 2011)

≪삼재강유론≫에서는 다음과 같이 말하였다.

각의 의미는 한 점에 다른 모든 것이 모인다는 것이다. 한 점에 다른 것이 모일 때는 직선을 따르기도 하고 동그라미를 따르기도 한다. 하지만 직선과 동그라미까지 한 점에 모으면, 그것은 각의 의미에 충실한 것이므로 더 좋다. 이 때 나선형의 비틀림의 기법이 나타난다.(6부10장2절)

오른쪽 그림은 태권도의 전통적인 기법 중 십자돌려꺾기의 모습을 보여준다.

그림 11. 십자돌려꺾기

(7) 메치기

표 4.2.18 메치기 기법류의 삼재 분석

삼재 분석		분석 내용
내포		상대를 땅이나 다른 장애물에 부딪히도록 강요함으로써 그 충격으로 상대를 제압하는 기법
외연		예) 넘어뜨리기, 업어치기, 메다꽂기, 던지기 등의 기법
강유	조건[의도]: 〈유〉	상대가 나에게 덤벼들거나 위로 뛰어오를 때 메치기는 매우 쉬워진다. 상대가 매우 낮은 자세를 취하거나 상대가 바닥에 앉아있거나 누워있을 경우에 메치기는 사실상 불가능하다.
	동작[작용]: 〈유〉	상대의 움직임에 따르지 않는 메치기 기법은 성공하기 어렵다. 즉, 상대의 움직임에 따른다.
	결과[상대]: 〈강〉	상대를 메칠 때, 맨 마지막에는 힘을 가한다. 땅이나 벽, 혹은 다른 장애물과 부딪힐 때 더 큰 충격을 받도록 해야만 하기 때문이다.

다음의 그림은 상대가 뒤에서 안았을 때 눈을 찔러 무너뜨린 후 앞으로 업어치는 기법이다. 일명 "숙여 메치기"라고 부른다. 여기서 눈을 찌르는 것은 '찌르기'에 해당하며 숙여 메치기 기법만이 메치기에 해당한다.(이창후, 2012)[5]

---

5. Taekwondobible. Vol.1. Ch.56

그림 12. 숙여메치기

(8) 비키기

표 4.2.19 비키기 기법류의 삼재 분석

삼재 분석		분석 내용
내포		공격하는 상대와 내 신체 및 무기와의 공간을 일정하게 유지하여 상대의 공격을 무력화하는 기법
외연		조르기, 꺾기 류의 기법들. 예) 피하기, 물러서기, 비켜서기, 숙이기 등의 기법
강유	조건[의도]: 〈유〉	상대가 공격하지 않으면 나의 동작이 비키는 것이 될 수 없다. 비키기는 절대적으로 상대의 공격에 의존한다.
	동작[작용]: 〈유〉	상대가 다가오면 적절한 거리만큼 물러선다. 즉, 상대의 움직임에 따른다.
	결과[상대]: 〈유〉	동작의 직접적인 결과는 내가 상대의 공격을 피하거나 상대의 신체나 무기와 거리를 유지하는 것에 불과하기 때문이다.

다음의 그림은 태권도의 대표적인 기법인 물러받기이다. 상대가 발로 차면 살짝 뒤로 물러 비켰다가 돌려차기로 받아찬다. 여기서 반격하기 전의 물러서는 동작이 비키기이다.[6]

비키기의 기법을 이해하기 위해서는 〈국기원〉의 발놀림에 대한 기법의 원리 설명을 참고해야만 한다.

  1) 균형을 무너뜨림으로써 중심을 움직인다.
  2) 공격유지의 원리
  3) 무릎을 굽히고 서야 한다.

그림 13. 받아차기의 기법

비키기의 기법에서는 물과 같은 움직임이 필요하다. ≪원리≫에서는 다음과 같이 말한다.

---
6. Taekwondobible. Vol.1. Ch.11

상대와 같이 움직이는 태권도의 움직임이란 이 물의 모양과 같다. 물은 그 속에 무엇을 담그든 그만큼 물러나고, 그러면서도 한없이 물러나지는 않으며 다만 그 담가진 것만큼, 그 무게만큼 물러난다. 그러다가 그것이 물에서 나오면 한순간의 틈도 없이 따라오고, 그러면서도 한없이 따라오지 않으며 다만 그 비워진 만큼만 따라온다. 이를 본받는 태권도의 움직임이란, 상대의 공격이 무엇이든 그 공격이 이르지 못하는 만큼만 물러나며 상대의 허점이 생기면 그 허점만큼만 기세를 움직이나니, 상대와 같이 움직이는 속에서 자신을 지키고 상대를 제압함에 있어 이에서 더 무엇을 바랄 것인가?(23장)

3. 태권도 기법 원리 각론

〈국기원〉에서 말하기를 "차기와 타격기법의 원리는 모두 삼재와 강유의 원리에 따른다."고 하였다.

삼재와 강유의 원리는 보편성으로 인해서 추상적이게 보이지만 사실상은 구체적인 길로서 항시 무엇을 어떻게 할지를 알려주는 원리이다. 각 기법에서 그 원리들을 적용해 볼 수 있다.(국기원, 2011)

1) 움직임의 원리

표 4.3.1. 태권도 움직임의 원리

태권도 움직임의 원리	내용	삼재
자세 낮추기	자세가 낮다는 것에서 가장 핵심적인 것은 무릎을 굽히는 것이다. 상체를 숙이는 것은 옳지 않다.	하늘
공격 준비 유지	태권도의 움직임에서는 항상 공격의 준비가 되어 있어야 한다.	땅
끊임없는 변화	태권도의 모든 움직임은 변화에 적응하기 좋은 움직임이어야 한다. 고착된 움직임을 한다는 것은 패배를 의미한다.	사람

첫째, 태권도의 모든 움직임에서 기본적으로 자세는 낮아야 한다. 이것이 '자세 낮추기'의 원리이다. 〈국기원〉에 따르면 "자세가 낮다는 것에서 가장 핵심적인 것은 무릎을 굽히는 것이다. 상체를 숙이는 것은 옳지 않다. 다만 전체적으로 상체가 움츠려서 조금 숙은 듯 보이는 것은 괜찮다." ≪삼재강유론≫에서도 "자세를 낮출 때는 몸의 삼재가 자기 자리를 찾아서, 무릎을 굽혀서 머리는 높고 하단전(下丹田)은 낮추어야 한다."고 하였다.(3부2장1절) 왜 자세를 낮추어야 하는가? 〈국기원〉에 따르면 "자세를 낮추어야 기민하게 움직일 수 있고, 큰 힘을 낼 수 있다. 자세가 높으면 작은 충격에도 넘어지기 쉽고, 민첩하게 움직이기 힘들며, 중심이동의 거리도 짧다."(국기원, 2011)

둘째, 태권도의 움직임에서는 항상 공격의 준비가 되어 있어야 한다. 이것이 '공격 준비 유지'의 원리이다. 〈국기원〉에서 말하기를 "상대의 공격을 방어하거나 피할 때에 특히 이 원리가 중요하다."고 하였다. 그 이유는, 태권도의 방어는 공격을 위한 방어이기 때문이다.(국기원, 2011) ≪심경≫에서도 이와 마찬가지로, "마음에 있어서 항상 공격을 할 준비를 하고 있어야 한다."고 강조한다. (4장24절) "공격준비 없이 물러난 후에 공격을 준비하면 결코 성공하지 못한다. 이 공격 준비의 핵심은 자신의 중심으로 앞으로 던지는 것이다."(국기원, 2011) 역시 ≪심경≫에 이르기를, "자세를 취함에는 순서가 있으니/ 먼저 상대를 쉽게 공격할 수 있어야 하고/ 그 다음에 내가 자유로이 이동할 수 있어야 하며/ 그 후에 기법이 변화할 수 있어야 하고/ 끝으로 나의 의도를 숨길 수 있어야 한다" (4장27절)라고 하였다. 움직임의 두 번째 원리를 말하는 것이다.

셋째, 태권도의 모든 움직임은 변화에 적응하기 좋은 움직임이어야 한다. 이것이 곧 '끊임없는 변화'의 원리이다. 공격과 방어의 과정은 끊임없이 변화하고 살아 움직인다. 이 안에서 고착된 움직임을 한다는 것은 패배를 의미한다. ≪원리≫에서 말하기를 "끝없는 과정으로서의 살아 있다는 것 자체는 하나의 긴장이요 대립이며 모순이다."라고 하였다. 긴장과 대립, 모순이 곧 태권도의 공방으로 나타난다. 그러므로 변화 속에서의 공방은 여러 기법들을 필요로 한다. 〈국기원〉에서 말하듯이, "효과적인 변화를 위해서는 숙달된 공방의 기법들이 최소한 2개 이상이어 한다. 많을수록 좋다." 하지만 반대급부도 따른다. 숙달되어야 하는 것이다. "숙달되지 않은 기법들이 많은 것은 소용이 없다. 많은 기법을 숙달하기 위해서는 오랜 수련이 필요하다."(국기원, 2011)

≪심경≫ 4장27절에서는 다음과 같이 노래한다.

> 자세 속에서
> 방어가 공격에 앞서면 기회를 얻지 못하고
> 자유로이 이동하지 못하면 방어가 제한되며
> 기법이 변화하지 못하면 끝내 실패하고
> 의도를 숨기지 못하면 역습당한다.(4장27절)

이 역시 움직임에서의 변화의 원리를 강조하는 것이다.

2) 발차기의 원리

표 4.3.2. 태권도 발차기의 원리

발놀림의 원리	내용	삼재
낮은 자세의 원리	낮은 자세를 유지하면서 차야 한다. 낮은 자세의 핵심은 무릎을 굽힌 상태로 유지하는 것이다.	하늘
무릎의 원리	발차기 기법의 정교함은 발끝의 움직임에 있지 않고 무릎의 움직임에 있다.	땅
몸통의 원리	근본적으로 체중의 이동이 파괴력에서 중요하다. 체중 이동의 힘은 몸통이 접근하는 힘과 회전하는 힘의 결합으로 구성된다.	사람

첫째, 낮은 자세를 유지하면서 차야 한다. 이것이 '낮은 자세의 원리'이다. 〈국기원〉에서는 말하기를, "발차기를 할 때 가장 중요한 것은 낮은 자세를 유지하면서 차는 것이다. 낮은 자세의 핵심은 무릎을 굽힌 상태로 유지하는 것이다. 준비 자세는 항상 무릎을 구부리게 마련이다."라고 하였다.

둘째, 무릎의 각도와 위치로 기법을 결정한다. 이것이 '무릎의 원리'이다.

앞차기에 대한 시(詩)를 통해 ≪심경≫에서 이르기를, "내 차는 무릎은 원래/가슴 앞이 자기 집인 것처럼"이라고 하였는데(4장 22절) 곧 이것을 말함이다. 〈국기원〉에서도 말하기를 "발차기 기법의 정교함은 발끝의 움직임에 있지 않고 무릎의 움직임에 있다."고 하였다. 즉 무릎이 가슴 앞으로 높이, 그리고 재빠르게 올라와서 차야 하는 것이다.

또한 〈국기원〉에 따르면 "초보자가 뒤차기와 뒤후리기를 잘 하지 못하는 경우 대부분의 문제는 차는 발의 무릎의 자세를 제어하지 못함에 있다."(국기원, 2011) 그만큼 무릎의 높이와 각도가 발차기의 정확성에서 중요하다.

셋째, 몸통의 움직임으로 타격력을 만들어야 한다. 이것이 '몸통의 원리'이다. ≪심경≫에서 말하기를, "발차기의 기법은 내 몸이 그대로 있으면서 발을 뻗어서 상대를 가격하는 것이 아니다. 마치 몸통 박치기를 하듯이 내 몸 전체를 상대에게 던지되 단지 발이 먼저 상대에 가 닿는 것이고, 발로 모든 충격을 다 전달하는 것일 뿐이다."(4장18절) 라고 하였다. 곧 이 세 번째 원리를 말하는 것이다.

〈국기원〉에 따르면, "발차기의 파괴력은 체중 전달력에 있다. 다리의 힘이 팔의 힘보다 세므로 타격되는 순간의 반발력을 견디는 힘 역시 강하다. 그리하여 체중을 목표물에 잘 전달할 수 있다. 그러므로 근본적으로 체중의 이동이 파괴력에서 중요하다. 체중 이동의 힘은 몸통이 접근하는 힘과 회전하는 힘의 결합으로 구성된다. 돌려차기나 뒤차기를 할 때 하단전을 중심으로 몸통이 상대에게 접근하면서 회전한다. 이 힘으로 발차기가 이루어지고 가격이 된다."(국기원, 2011)

이와 더불어서 발차기에서도 삼재의 요소는 중요하다. 그것은, 첫째 발끝이 아니라 무릎을 높이 들어야 한다는 것, 둘째, 지지하는 다리를 굽혀야 한다는 것, 셋째, 속도와 균형으로 파괴력을 만들어야 한다는 것이었다.(《심경》, 4장50절)

한편 《삼재강유론》에서는 다음과 같이 말하였다. "모든 발차기 기법은 무릎을 들어차는 한 동작으로 귀일(歸一)한다. 즉 무릎을 접어 가슴 높이 들면서 하단전을 낮추어 자세를 낮춘다. 그러면서 몸의 삼재를 갖추어 상체를 편하게 세운다. 이 자세에서 다리를 뻗어 목표를 차는 방법에 세 가지가 있으니 곧 앞차기, 옆차기, 돌려차기가 그것이다. 그러므로 앞차기, 옆차기, 돌려차기는 그 모습이 여럿이지만 그 본체는 하나일 뿐이다."(6부11장)

《심경》에서도 다음과 같이 말하였다. "발차기는 기본적으로 하나일 뿐이다. 그것의 이름이 앞차기라도 좋고 무릎차기라도 좋다." 또한 "태권도는 일기예이다. 항상 동일한 곳을 동일한 방법으로 공격한다."(4장28절)

3) 주먹지르기의 원리

표 4.3.3. 태권도 주먹지르기의 원리

발놀림의 원리	내용	삼재
낮은 자세의 원리	지르기를 할 때 낮은 자세를 유지해야 한다. 그 핵심은 무릎을 굽히는 것이다.	하늘
일치의 원리	지르기를 할 때는 발끝의 움직임과 주먹 끝의 타격이 일치해야 한다.	땅
단련의 원리	주먹지르기의 기법 자체는 주먹과 팔의 단련을 필요로 한다.	사람

첫째, 낮은 자세의 원리이다. 이에 따라 "지르기를 할 때 낮은 자세를 유지해야 한다. 그 핵심은 무릎을 굽히는 것이다."(국기원, 2011) 이렇게 주먹지르기의 원리도 발차기의 원리와 크게 다르지는 않다. 왜냐하면, 다 같이 태권도의 움직임의 원리를 따르기 때문이다.

둘째는 일치의 원리이다. ≪삼재강유론≫에서 이르기를, "일치는 집중의 객관적 형식, 즉 집중의 모습이다. 일치가 없다면 집중도 없다."(7부3장3절)라고 하였다. 이것은 모든 기법의 원리이며, 따라서 주먹지르기에서도 중요하다. 따라서 "지르기를 할 때는 발끝의 움직임과 주먹 끝의 타격이 일치해야 한다. 몸이 앞으로 조금이라도 던져질 때, 그 던져진 몸의 가속이 가장 많이 이루어지는 시점이 앞으로의 전진이 끝나는 시점이다. 이 때 몸통이 멈추면서 주먹이 던져진다. 동시에 주먹에 가해지는 목표물의 반발력(반작용)을 지면에 붙은 발의 지지력으로 견딜 수 있다. 즉, 더 큰 타격력을 만들 수 있는 것이다."(국기원, 2011)

셋째는 '단련의 원리이다. 팔의 힘과 주먹이 충분히 단련되어야 한다는 말이다. ≪심경≫ 5장39절에서는 "주먹지르기를 한다면 그 주먹지르기의 힘과 속도를 높이기 위한 단련이 보완될 필요가 있다. 정확한 팔굽혀펴기의 수련은 그런 단련이다."라고 하였다. "발의 경우 발차기로 보통의 상대를 제압할 수 있을 만큼 일상인의 다리 힘은 강하다. 하지만 팔힘은 그렇지 않는 경우가 많다. 60kg 이상의 체중이 순간적으로 전달될 때 팔이 그 충격을 견딜 수 있어야 하고 주먹 역시 그러하다. 이런 단련이 없는 주먹지르기는 상대를 제압할 수 있을지라도 자신의 손도 손상시킨다."(국기원, 2011)

4) 발놀림의 원리

표 4.3.4. 태권도 발놀림의 원리

발놀림의 원리	내용	삼재
균형 와해의 원리	몸의 중심을 재빨리 움직여야 한다. 이것을 위해서는 균형을 무너뜨림으로써 움직여야 한다.	하늘
공격유지의 원리	발놀림을하면서 항상 공격 준비가 갖추어져야 한다.	땅
낮은 자세의 원리	발놀림을할 때에는 무릎을 굽히고 자세를 낮추어야 한다.	사람

첫째, '균형 와해의 원리'는 재빠른 움직임을 위해서는 균형을 무너뜨려야 한다는 원리이다.

〈국기원〉에 따르면, "발놀림의 가장 중요한 기법적 요인은 몸의 중심을 재빨리 움직이는 데에 있다. 이것을 위해서는 균형을 무너뜨림으로써 움직여야 한다." ≪원리≫에서 이르기를 "항상 하나의 움직임은 하나의 균형이 무너져 그 가능성을 드러냄에 따라서 이루어지고, 무너지는 균형은 새로운 균형으로 이어진다."고 하였다.(22장)

〈국기원〉에서 가르치는 바에 따른, 발놀림에서 균형을 무너뜨리는 과정은 다음과 같다.

(1) 제일 처음에 태권도인은 두 발로 균형을 잡고 서 있다.

(2) 그러다가 한 발(예를 들어 왼발)을 살짝 들거나 힘을 뺀다. 그러면 몸의 중심이 그 방향(왼쪽)으로 무너진다. 그리고 이 운동은 즉시 일어난다.

(3) 들었던 발(왼발)을 다시 디디면 몸은 그 방향(왼쪽)으로 이동하다가 멈춘다. 새로운 균형이 생긴다. 전체적으로 몸이 한 방향(왼쪽)으로 이동하였다.

(4) 몸이 이동함에 따라서 반대 발(오른발)이 다시 움직인 방향(왼쪽)으로 당겨져서 새로운 자세를 만든다.(국기원, 2011)

둘째, '공격유지의 원리'란 움직임 속에서 항상 공격할 준비를 유지해야 한다는 것이다. 이것은 움직임의 원리 중 두 번째의 '공격 준비 유지'의 원리와 같다. 〈국기원〉에 따르면 "발놀림을 하면서 항상 공격 준비가 갖추어져야 한다. 그것은 마치 화살을 쏠 목표물을 찾기 위해 전후좌우를 살필 때 화살을 쏠 준비를 마친 상태에서 주변을 살펴야 하는 것과 같다. 목표물을 찾은 후에 활 시위를 당긴다면 그 목표물이 달아날 시간이 더 많이 생긴다." 이 점을 일러서 ≪심경≫에서도 말하기를, "겨루기 자세를 취한다는 것은/ 준비하는 것이 아니라 공격하는 것이다./ 피하려 하는 것이 아니라 가격하려 하는 것이다."(4장27절)라고 하였다. 이것은 모든 자세에 근본적으로 중요하다.

발놀림도 자세를 취하는 속에서 이루어져야 한다. 그래서 "발놀림을 하면서 항상 공격 준비가 갖추어져야 한다.…〈중략〉…이것이 곧 공격유지의 원리이다."(국기원, 2011)

셋째, 발놀림을 할 때에는 무릎을 굽히고 자세를 낮추어야 한다. 이것이 '낮은 자세의 원리'이다. 태권도 움직임의 원리에서 첫 번째인 '자세 낮추기'의 원리와 동일한 내용이다. 초보자들은 높은 자세로 뛰어다니듯이 딛기를 하기도 하는데, 그렇게 해서는 안 된다. "왜냐하면 일단 높이 뛰면 체공시간이 길어지고 그 체공시간 동안에는 상대의 공격에 대해서 민첩하게 방어할 수 없기 때문이다. 그만큼 취약해진다."(국기원, 2011)

5) 꺾기와 풀기의 원리

〈국기원〉에 따르면 "꺾기"란 태권도의 기법 중에서 상대의 몸의 약한 곳을 부러뜨리는 공격법이다. "실제로 상대의 몸에서 관절이 외부의 지속적인 힘에 가장 취약하므로 꺾기는 주로 상대의 관절을 꺾는 기법이 된다."(국기원, 2011)

표 4.3.5. 태권도 꺾기의 원리

꺾기의 원리	내용	삼재
집중의 원리	실제적인 상황에서 상대의 관절을 꺾기 위해서는 상대의 관절에 나의 많은 힘을 집중해야 한다.	하늘
고정의 원리	꺾기 기법은 지르기나 차기에 비해서 느리기 때문에 꺾는 상대의 신체를 순간적으로라도 고정시켜야만 한다.	땅
나선 운동의 원리	나선운동에는 좌우굴신과 회전이 결합되어 있다. 이렇게 나선운동의 방향으로 힘을 작용하면 관절은 매우 쉽게 꺾인다.	사람

《심경》 4절55절에서는 꺾기 기법의 원리에 대해서 다음과 같이 말한다.

첫째, 상대의 팔꿈치나 손목, 혹은 어깨를 꺾는다는 것을 알아야 한다. 즉 정확히 어느 지점에 내가 힘을 집중하는지, 그리고 어떻게 기법의 자세를 통해 힘을 집중할 수 있는지를 알아야 한다. 둘째, 기법의 세부적인 동작을 알았으면 상대의 관절을 꺾는 내 두 팔을 나의 가슴이나 배에 강하게 조여서 밀착시켜야 한다. 그리하여 상대가 그 관절기에서 빠져나갈 수 없도록 해야 한다. 셋째, 자세를 낮추고 접근해야 한다. 팔 꺾기의 기법은 강기이다. 강기든 유기든, 그것을 상대보다 유리한 위치에서 시도해야 한다. 그것이 삼재이다. 자세를 낮추는 것은 삼재의 핵심이다.

한편 이러한 꺾기 기법을 방어하는 풀기의 원리가 태권도에는 있다. 그 내용은 다음과 같이 세 가지이다.

표 4.3.6. 태권도 풀기의 원리풀기의 원리

풀기의 원리	내용	삼재
분산의 원리	상대의 두 손, 상대의 두 팔, 상대의 다리가 한 곳에 모이지 못하도록 막아야 한다.	하늘
빼기의 원리	상대가 나의 신체를 고정하지 못하도록 해야 한다.	땅
운동 상쇄의 원리	내 몸을 움직여서 같이 회전시키거나 같이 한 방향으로 나아감으로써 직선적인 움직임이나 회전 운동 중 하나 이상을 상쇄시킨다.	사람

〈국기원〉에 따르면 "풀기"란 상대가 나의 신체에 꺾기 공격을 시도할 때 그 공격을 실패로 그치게 하는 기법이다. 또한 "풀기의 기법은 꺾기 기법에 대한 방어이므로 꺾기 기법의 원리를 거꾸로 적용하여 그 원리를 얻는다."(국기원, 2011)

태권도 철학·원리 집요
跆拳道哲學·原理 輯要

V. 태권도 수련론

1. 태권도 수련의 이해
1) 태권도 수련의 의미
2) 태권도 수련의 원리

2. 기본 기법 수련의 원리
1) 일기예의 원리
2) 무도성과 태권도 기법의 본질
3) 태권도 기법에 대한 오해 비판

3. 품새의 이해와 수련 원리
1) 품새의 정의와 이해 기준
2) 품새 구성의 원리
3) 품새 수련의 원리

4. 겨루기의 이해와 수련 원리
1) 겨루기의 정의와 이해 기준
2) 겨루기의 원리
3) 겨루기 수련의 원리
4) 겨루기 수련의 구분

태권도 철학·원리 집요
跆拳道哲學·原理 輯要

V. 태권도 수련론

1. 태권도 수련의 이해

1) 태권도 수련의 의미

≪심경≫에서 이르기를, "태권도를 배운 내가 위기의 순간에 좀 더 나 자신을 보호하고 나의 가족과 친구를 보호할 능력을 얻는다는 것을 의미한다."라고 하였다. 태권도 수련의 기본적인 의미는 이와 같다. ≪심경≫의 대목을 인용하면 다음과 같다.

　　태권도를 배운다는 것은 무엇을 의미하는가?
　　태권도를 배운 내가 위기의 순간에 좀 더 나 자신을 보호하고 나의 가족과 친구를 보호할 능력을 얻는다는 것을 의미한다. 그런 모든 위협의 근원인 상대를 제압할 능력을 얻는다는 것을 의미한다. 실제로 극단적인 상황에서 상대를 충분히 제압할 수 없을지도 모르고, 또 나 자신을 충분히 보호하지 못할지도 모른다. 하지만 태권도를 더 많이, 더 올바르게 수련했다면 그만큼 상대를 더 잘 제압할 수 있고, 그리하여 나와 내가 사랑하는 사람들을 그만큼 더 잘 보호할 수 있을 것이다.(≪심경≫, 6장3절)

수련하는 사람이 있으면 배우는 사람이 있기 마련이고 배우는 사람이 있으면 가르치는 사람이 있기 마련이다. 그렇다면 태권도를 가르친다는 것에는 어떤 의미가 있는가? 역시 ≪심경≫에 이르기를 "태권도를 가르친다는 것은 고귀한 일이 아닐 수 없고, 자긍심을 느낄 일이 아닐 수 없다."라고 하였다. 그 내용은 다음과 같다.

그렇다면 태권도를 가르친다는 것은 무엇을 의미하는가?
태권도를 배우는 이가 생활 속에서 마주칠 수 있는 극단적인 위기에서 살아남을 수 있는 길을 열어주는 것이다. 행복한 삶을 위해서는 결코 잃어서는 안 되는 사랑하는 사람들을 보호할 수 있는 능력을 키워주는 것이다. 즉 더 많은 생존의 가능성을 주고, 더 많은 행복의 가능성을 주는 것이 태권도 지도이다. 간단히 말해서, 태권도를 가르친다는 것은 사람들에게 생명과 행복을 주는 일이다.

그러므로 태권도를 가르친다는 것은 고귀한 일이 아닐 수 없고, 자긍심을 느낄 일이 아닐 수 없다. 태권도를 가르치는 모든 사범들은 이 가치와 고귀함을 자각해야만 한다.(≪심경≫, 6장3절)

이 내용을 표로 정리하면 다음과 같다.

표 5.1.1. 태권도 수련의 의미

수련의 의미	내용
태권도를 배움	위기의 순간에 좀 더 나 자신을 보호하고 나의 가족과 친구를 보호할 능력을 얻는다
태권도를 가르침	생활 속에서 마주칠 수 있는 극단적인 위기에서 살아남을 수 있는 길을 열어주는 것. 생명과 행복을 주는 일.

2) 태권도 수련의 원리

≪심경≫에 이르기를

올바른 수련의 핵심은
극기이고 고행이 아니며,
원리 이해의 토대는

지혜이며 맹목이 아니고,

원리 습득의 기초는

삼재이고 완력이 아니며,

원리의 구체적 내용은

강유일 뿐 체력이 아니고,

기법 사용의 끝은

마음일 뿐 땀이 아니다.(5장41절)

그러므로 태권도 수련의 원리는 태권도에 대한 올바른 이해에서 출발해야 한다. 그런데 '올바른 이해'란 매우 어려운 것이고, 사람이 하는 모든 태권도 이해에는 조금씩이라도 잘못된 오해가 들어있을 가능성이 크다. 그렇기 때문에 큰 착오를 줄이기 위해 노력해야 하는데, 이를 위해서는 전체적인 개략을 짚어나가면서 태권도를 이해하는 것이 중요하다. 그것은 마치, 서울에서 대전을 찾아가는 구체적인 길을 생각한다면 그 길을 틀릴 경우 전혀 엉뚱한 곳에 도달할 수도 있지만, 한국 전체의 지도 안에서 대전이 있는 지역 범위를 좁혀 나간다면, 그 미세한 위치에서는 사소한 잘못이 있을지 몰라도 대전의 위치가 크게 잘못되기 어려운 것과 같다.

태권도에 대한 개략적인 이해를 통해 태권도 수련의 원리를 찾아 나가기 위해서 태권도를 포함한 모든 무예 일반을 이해하기 위한 기본 개념들에서 출발할 수 있다. 그것은 다음의 표와 같다.

표 5.1.2. 무예 일반을 이해하기 위한 기본 개념들

개념의 차원	개념들의 종류		
최종 개념	공방의 효율성		
중심 개념	기법의 내적 원리	무술의 기법체계	무술 수련의 효용성
세부 개념	삼재(三才) 강유(剛柔) 품새	기법의 체계완결성 기법의 체계대칭성 기법의 내적동질성	기본의 중심성 동작수련의 반복성 기법적용의 일회성

무예 이해를 위한 첫 번째 중요 개념은 무예의 본질이 공방의 효율성에 있다는 것이다. 이것은 무예 이해를 취한 첫 번째 기준이다. 기준이기 때문에 때때로 모든 것을 설명해 줄 수 없는 경우도 많다. 즉 공방의 효율성 개념만으로는 한국의 합기도와 태권도가 얼마나 다른지 설명해 주기 어려울 수도 있는 것이다.

공방의 효율성을 추구하는 무예를 이해하기 위해서는 다양한 측면에서 고찰할 수 있어야 한다. 하지만 여기에도 문제가 있다. 지나치게 많은 측면에서 어떤 대상을 고찰한다는 것은 곧 지식의 파편화를 부를 수도 있기 때문이다. 그래서 필자는 일단 (1)무술 기법의 내적 원리, (2)무술의 기법체계, (3)무술 수련의 효율성의 세 가지 측면에서 무예를 이해하기 위한 개념들을 제시해 보겠다.

표 5.1.3. 수련체계의 중심개념

수련체계의 중심개념	내용
(1) 무술 기법의 내적 원리	수련자가 그 원리를 앎으로써 기법을 바르게 숙달하고 터득하는 데 필요한 원리
(2) 무술의 기법체계	기법들이 하나의 무술 안에서 구조화되는 방식
(3) 무술 수련의 효율성	기법 수련에서 수련자가 기법을 습득함에 있어서의 효율성

여기서 첫째, 무술 기법의 내적 원리란 이다. 하지만 이러한 내적 원리만을 가지고 특정 무예체계를 모두 이해할 수는 없다. 그 원리들은 같더라도 다르게 체계화됨으로써 다른 무예로 발전할 수 있다.

표 5.1.4. 무술기법의 내적 원리

무술기법의 내적 원리	내용
① 삼재(三才)	상대보다 유리한 위치를 선점하는 것. 이것은 단순한 하나이다.
② 강유(剛柔)	강기와 유기의 합이다. 강기(剛技)란 굳센 기술을 의미하는데, 그 핵심은 움직임과 힘의 집중이다. 유기(柔技)란 부드러운 기술을 의미하는데, 그 핵심은 상대의 움직임을 따르는 것이다.
③ 품새	단순한 기법들의 연결이다. 단순한 기법들이 연결되어 복합기법이 되고 이것이 구체적인 상황에서는 더 효과적으로 사용된다.

무술기법의 내적 원리에는 ①삼재(三才)와 ②강유(剛柔), ③품새가 있다. 먼저 삼재(三才)란 이다. 상대와 싸우려면 눈에 보이는 지르기나 차기보다는 전체적으로 유리한 위치를 선점하는 것이 중요하다.

둘째, 강유(剛柔)란 강기와 유기의 합이다. 여기서 강기(剛技)란 굳센 기술을 의미하는데, 그 핵심은 움직임과 힘의 집중이다. 이 집중을 통해서 상대보다 국소적으로 우월하게 되고 그리하여 상대의 저항을 깨고 들어가 상대를 제압할 수 있게 된다. 한편 유기(柔技)란 부드러운 기술을 의미하는데, 그 핵심은 상대의 움직임을 따르는 것이다. 그리하여 상대의 힘을 역이용하여 상대의 힘으로 상대를 제압할 수 있게 된다. 태권도의 모든 기법이란 강기와 유기의 결합으로 분석될 수 있다.

셋째, 품새란 단순한 기법들의 연결이다. 단순한 기법들이 연결되어 복합기법이 되고 이것이 구체적인 상황에서는 더 효과적으로 사용된다. 예를 들어서 제비품 목치고 앞차고 손등치기를 하는 것이 하나의 복합기법을 이룬다.

무예의 기법체계 이해를 위한 개념들에는 ①무술 기법의 체계완결성, ②무술 기법의 체계대칭성, ③무술 기법의 내적동질성의 세 개념이 있다.

표 5.1.5. 무술의 기법체계

무술의 기법체계	내용
①무술 기법의 체계완결성	기법의 체계가 한 무예 안에서 완결적이라야 한다는 것
②무술 기법의 체계대칭성	무술의 기법이 대칭적으로 균형을 이루면서 발전 한다는 것
③무술 기법의 내적동질성	무예의 기법들이 하나의 무예체계로 통합될 때 그것이 동질적인 것끼리 분류되고 모아진다는 것

첫째, 체계완결성은 앞에서도 간단히 언급했다시피 기법의 체계가 한 무예 안에서 완결적이라야 한다는 것이다. 좀더 구체적으로 설명하면 하나의 공격 기법이 있으면 그에 대한 방어 기법도 그 무예 체계에 있어야 하며 또한 그에 대한 재역습의 기법도 또한 있고 다시 그에 대한 재방어 기법도 있어야 한다는 것이다.

둘째, 체계대칭성은 무술의 기법이 대칭적으로 균형을 이루면서 발전한다는 것이다. 예를 들어서 밑을 공격하는 기법이 존재한다면 위를 공격하는 기법도 존재하게 된다. 또한, 멀리서 공격하는 기법이 존재한다면 가까이서 공격하는 기법도 존재하게 된다.

셋째, 내적동질성은 무예의 기법들이 하나의 무예체계로 통합될 때 그것이 동질적인 것끼리 분류되고 모인다는 것이다. 예를 들어서 유도의 경우는 잡고 던지는 기법, 넘어뜨리는 기법, 넘어뜨린 후 조르고 꺾는 기법끼리 체계화된다. 그 속에 지르거나 차기의 기법이 있으면 대체로 배제된다. 만약 지르거나 차기의 기법이 존속하게 될 경우에는 이와 내적동질성을 갖는 기법들이 서로 묶여서 체계화되며 이 때 던지기나 넘어뜨리는 기법은 다시 취사선택되면서 약화될 수 있다.

한편 무술 수련의 효용성의 측면에서는 ①기본의 중심성, ②동작수련의 반복성, ③기법적용의 일회성을 들 수 있다.

표 5.1.6. 무술수련의 효용성

무술 수련의 효율성	내용
① 기본의 중심성	각 무예에 있어서 기본자세와 기본 동작의 결합체로서 그 무예의 가장 핵심 기법의 묶음 이다.
② 동작수련의 반복성	무예는 항상 동작에 대한 이해가 아니라 궁극적으로 숙달을 요한다는 것, 그렇기 때문에 수련체계에 있어서는 동작을 반복 하도록 하기 위한 다양한 수련 장치들을 가진 다는 것
③ 기법적용의 일회성	예의 최종적인 의미가 공방의 효율성에 있으며 그 공방은 실제로 지극히 일회적으로 나타나기 때문에 이에 적응하기 위한 수련방법을 각 무예가 포함한다는 것

첫째, 기본의 중심성이란 각 무예에 있어서 기본자세와 기본 동작의 결합체로서 그 무예의 가장 핵심 기법의 묶음이다. 이러한 기본은 그 무예의 체계 속에서는 가장 중요한 것이면서 항상 필요한 것이기 때문에 가장 먼저 배우게 되고 가장 많은 숙달을 요하

며 동시에 가장 정교한 숙달을 요한다.

둘째 동작수련의 반복성이란, 무예는 항상 동작에 대한 이해가 아니라 궁극적으로 숙달을 요한다는 것, 그렇기 때문에 수련체계에 있어서는 동작을 반복하도록 하기 위한 다양한 수련 장치들을 가진다는 것이다.

셋째, 기법적용의 일회성이란, 무예의 최종적인 의미가 공방의 효율성에 있으며 그 공방은 실제로 지극히 일회적으로 나타나기 때문에 이에 적응하기 위한 수련방법을 각 무예가 포함한다는 것이다. 겨루기도 역시 이러한 일회성에 적응하기 위한 한 방법이다.

2. 기본 기법 수련의 원리

1) 일기예의 원리

《국기원》에 따르면, 기본 기법의 수련은 태권도의 수련에서 절대적으로 중요하다.

기본 기법 수련의 원리는 핵심 원리는 곧 일기예의 원리이다. 이것은 곧 어떤 기법이든 일기예가 되도록 수련해야 하며, 하나의 일기예만 얻으면 모든 기법을 얻을 수 있다는 것이다.

《원리》에서 말하기를 "태권도는 하나의 기예로 시작하고 하나의 기예 안에서 완성된다. 그 시작과 끝은 같다. 단순한 하나의 기예를 넘어서 태권도란 없다."(57장)라고 하였다. ≪삼재강유론≫에서는 말하기를 "수련 속의 지혜는 먼저, 배운 것을 정확히 따르는 것에서 시작하고 그 다음에, 설명을 듣지 않았으나 배운 것을 얻기 위해서 갖추어야 하는 것, 즉 눈에 잘 보이지 않고 말로 잘 표현되지 않는 것을 이해하는 것이어야 하며, 마지막에는 항상 무분별적 일기예에로 나아가야 한다."(4부7장)라고 하였으며 또한 ≪심경≫에서도 "일기예는 여러 기술이 되고 마침내 모든 기술이 된다. 하나의 기술이 키워지기 때문이다."(1장5절)라고 하였다.

기본 기법 수련의 원리는 1) 정신성, 2) 반복성, 3) 정확성이다.

그 내용을 정리하면 다음과 같다.(국기원, 2011)

표 5.2.1. 기본 기법 수련의 원리

원리	내용	수련방법
정신성	모든 수련은 정신적으로 실전이어야 한다.	마음의 수련이 중요하다.
반복성	수련에서는 반복을 통해 기법을 숙달한다.	반복 횟수를 정해야 한다.
정확성	숙달된 기법은 정확해야 공방에 효과적이다.	훌륭한 사범의 지도를 받아야 한다.

정신성은 기법의 수련에서 정신적인 요소가 필수적임을 가리킨다. ≪삼재강유론≫에서 이르기를 "태권도를 함에 있어서 공격의

동작은 공격의 마음을 필요로 하며 방어의 동작은 방어의 마음을 필요로 한다."(5부5장)고 하였다. 이것이 태권도 기법에 정신이 필요한 이유를 가장 함축적으로 설명한다.

《국기원》에 따르면, 단지 주먹을 지르고 발차기를 하는 것은 좋은 수련이 아니다. 기본 기법을 잘 수련하기 위해서는 주먹을 지르는 수련을 할 때 상대의 어디를 어떤 상황에서 지르는 것인지를 상상하고 가정하면서 해야 한다. 그리고는 실제로 싸우듯이, 실전 감각을 일으키면서 수련해야 한다. 이를 위해서는 모든 수련이 마음의 수련이어야 한다.(국기원, 2011)

반복성은 기법의 수련에서 반복이 중요함을 가리킨다. 발차기를 10번 수련한 사람과 1000번 수련한 사람 중에서 누가 더 뛰어난 기법을 체득할 것인가에 대한 답은 분명하다. 아무리 좋은 조건에서 바르게 배운다고 하더라도 10번의 반복 수련으로는 기본 기법을 얻을 수가 없다.(국기원, 2011)

정확성은 기법을 바르게 배우고 수련해야 함을 의미한다. 많은 반복 훈련을 통해서 기법을 수련했지만, 그 기법이 잘못된 기법이면 그것을 바로잡는 것이 매우 어렵다. 나쁜 버릇을 가진 숙달된 수련자는 오히려 초보자보다 못하다.(국기원, 2011) 《심경》에서는 다음과 같이 말한다. "기법은/ 움직임이 아니라/ 정확한 자세에 있다."(5장3절)

《삼재강유론》에서는 다음과 같이 말한다.

"일기예를 찾는 태권도의 수련과정은 흡사 칼을 가는 것과 같다. 날카로운 칼날을 만들고자 한다면 무딘 쇠를 오래도록 갈아서 그 불필요한 것이 닳아 없어지도록 해야 한다. 무딘 쇠를 한두 번 갈아서 칼을 날카롭게 다듬을 수 없듯이 한두 번의 수련으로 기예를 얻을 수는 없으며 날카로운 날이 한 줄로 바르도록 살피지 않고서는 훌륭한 칼이 될 수 없듯이 올바른 방법을 끊임없이 선별하지 않고서는 훌륭한 기예를 얻을 수 없고 또한 날카로운 칼을 얻고자 하는 마음이 없이 오랫동안 바르게 칼을 갈 수 없듯이 자신을 갈고 닦고자 하는 정성이 없이 태권도의 일기예를 얻을 수는 없다."(6부 4장)

≪심경≫에서는 이렇게 말한다.

"당신이 진정 어떤 태권도의 기법을 얻었다면 그것은 당신에게 이제 아무 것도 아니어야 한다. 당신은 그 기법을 쓰기 위해 몸의 어딘가를 긴장시키거나 마음 속에서 어떤 준비가 필요해서는 안 된다. 매일 식사를 위해 자연스럽게 수저를 들듯이, 부드러운 물체를 보면 마음이 이끌릴 때 자신도 모르게 손을 내밀듯이, 그렇게 아무렇지도 않게 그 기법의 동작을 할 수 있어야 한다. 마음이 가는 대로 자동적으로 몸이 따르고 자세가 완성되어야 한다."(3장 11절) 이것은 곧 태권도의 일기예의 단계이다.

그러므로 모든 태권도 수련은 일기예를 지향한다.

3. 품새의 이해와 수련

1) 품새의 정의와 이해 기준

〈국기원〉에 따르면 품새의 정의는 다음과 같다.

태권도의 품새란 무엇인가? 그것은 정형화된 기법들의 틀이다. 혹은 태권도 기법들의 집적이라고 할 수 있다. 여기서 '집적'이란 압축된 모음을 말한다.(국기원, 2011; 태권도기본교재, 2012, 132쪽)

≪원리≫에서 이르기를, "품새란 가장 일반적인 상황에서 태권도를 하는 사람이 따라야만 하는 마땅한 움직임을, 기법을 중심으로 정형화한 것이다."(49장)라 하였다. 이런 입장에서 태권도기본교재(2012)에도 태권도 품새가 '기법의 정형화된 움직임' 혹은 '정형화된 움직임의 틀'이라 하였다.(태권도기본교재, 2012, 132쪽) '품'과 '새'

라는 글자의 의미는 ≪삼재강유론≫의 서시에 다음과 같이 나타나 있다.

> 나는
> 앞선 자의 〈품〉을 따르되 끊임없이 새롭게 〈새〉를 읽고
> 뒤따르는 자와 같이 〈새〉를 살피되 끊임없이 〈품〉을 가르친다.
> 〈품〉과 〈새〉는 유형과 무형의 이름이다.
> 그래서 품새는
> 태권도의 모두를 그 안에 담는다.

유사한 이해에 따라서 정석현(2011)은 품새론을 위한 논의의 틀을 다음과 같이 제시한다.(정석현(2011), 139쪽)

| 품새의 최소 정의 | 상대를 제압하는 기법으로 보이는 동작들이 나결된 일련의 체계 |

표 5.3.1. 품새 연구분야

품새 연구분야	기본 연구 과제: 학적 물음
품새 본질론	태권도 품새의 본질은 무엇인가?
품새 구성론	태권도 품새는 어떻게 구성되어야 하는가?
품새 수련론	태권도 품새는 어떻게 수련해야 하는가?
품새 사상론	태권도 원리 및 철학과 품새는 어떤 연관성을 갖는가?

또한 정석현(2011)은 품새론 전체의 연구방법과 기준들을 다음과 같이 제시하였다.

제1원칙: 품새를 합리적으로 이해하고 그 결론을 실제에 적용해야 한다.

제2원칙: 품새의 정의를 논의에 필요한 만큼 엄밀하게 정의해야 한다.

제3원칙: 원하는 결과를 위해서 이해와 논리를 왜곡해서는 안 된다.

태권도기본교재(2012)에서 제시된 품새에 대한 기본 이해의 내용은 다음과 같다.(태권도기본교재, 2012, 121-122쪽)

표 5.3.2. 품새의 가치

품새의 가치	내용
품새 본질론	태권도 품새를 '기법의 정형화된 움직임' 혹은 '정형화 된 움직임의 틀'로 규정한다
품새구성론	1) 품새의 기본 동작들이 삼재강유의 원리를 따라야 한다. 2) 품새에서 기본동작의 연결들이 결합될 때에는 체계완결적이고 체계대칭적이면서 동시에 내적동질성을 갖춘 기법들이 선택되어야 한다. 3) 품새의 세 가지 논리적 구성 요소들의 관점에서 차별화된 품새들이 구성되어야 한다.
품새수련론	1) 수련자가 자신에게 적절한 품새를 선택해야 한다. 2) 각 기법의 쓰임새가 분명하도록 해야 한다. 3) 품새 속에서 각 기법의 쓰임날이 충분하도록 해야한다.

태권도기본교재(2012)에서 이르기를, 품새를 이해할 때에는 품새의 논리적 구성요소들을 고려해야 한다 하였다. 이러한 요소들을 고려하지 않으면 그 모양과 움직임이 유사해도 참된 태권도의 품새라고 할 수 없다. 품새의 논리적 구성요소들은 1)수련자, 2)동작의 형식, 3)가상의 상대(혹은 적)이다.(태권도기본교재, 2012, 132쪽)

표 5.3.3. 품새의 구성요소

품새의 구성요소	내용
수련자	품새를 수련하는 주체. 태권도인
동작 형식	품새를 구성하는 공방의 기법들.
가상 상대	품새에서 가정하는 적.

2) 품새 구성의 원리

〈국기원〉에서 이르기를, "태권도의 품새란 기법의 수련체계이자 동시에 기법의 집적체이다."라고 하였다. 달리 표현하자면 "품새의 품 하나하나는 생존에 따른 실전적 기술을 바탕으로 만들어졌으며, 동작을 통해 정신 수양과 신체의 건강 그리고 호신을 목적으로 만들어진 과학적인 기술의 결정체이다."(국기원, 2060, p. 304) 품새의 구성은 이런 목적에 따라 이루어져야 한다.

첫째, 품새의 기본 동작들은 모두 삼재강유의 원리를 따라야 한다. 삼재강유의 원리란 곧 태권도의 움직임이 공방의 효율성을 담보하는 기법일 수 있기 위한 필연적 조건이다. 〈국기원〉에서 말하듯이 태권도 품새가 기법의 집적체라면 각 동작은 기법이어야 하므로 상대를 제압하기 위한 원리인 삼재와 강유의 원리를 따르는 것은 필연적이다.

둘째, 품새를 구성하는 기법들은 '서로 조화되고 상호보완적 체계'를 갖추어야 한다. 이것은 품새를 구성하는 기본동작들이 서로 연결되고 결합되어 체계완결적이고 체계대칭적이면서 동시에 내적동질성을 갖춘 기법들이어야 한다는 말이다.(국기원, 2011)

셋째, 품새는 태권도 상황에서 실효성있게 구성되어야 한다. 이를 위해서는 수련자, 동작형식, 가상의 상대를 고려해야 한다. ≪원리≫에서 말하기를 "가정된 상대와의 관계 안에서 가장 바르게 움직이는 방법으로서의 품새는 우연히 그렇게 결정된 것이 아니라 선인들의 무한한 경험과 지혜에 의해서 결정된 것이다."라고 하였으니 이것을 이르는 말이다.

표 5.3.4. 품새 구성의 원리

본질	핵심 원리	내용	이유
1) 기법의 수련체계 2) 기법의 집적체	원리의 적합성	동작들이 삼재강유의 원리에 따름.	삼재강유의 원리가 공방의 효율성을 담보하기 때문.
	기법의 조화	품새의 기법들이 체계완결성·체계대칭성·내적동질성을 갖춤.	하나의 품새 안에 포함된 태권도 동작과 기법들이 동질적이고 서로 균형 있기 위해 필요.
	기법의 실효성	세가지 논리적 구성 요소에서 차별화.	수련자, 동작 형식, 가상 상대를 고려.

3) 품새 수련의 원리

〈국기원〉에 따르면 품새 구성의 원리에 따라서 품새 수련은 다음과 같은 세 가지 원리에 따라 이루어져야 한다.

(1) 적절성의 원리

먼저 수련자와 동작의 형식의 관계를 고려한다면 우리는 수련자가 자신에게 적절한 품새를 선택해서 연무해야 한다. 동작의 형식이란 곧 어떤 구체적 개인에 의해서 표현되지 않은 품새 자체를 말한다. 그것은 선택의 대상이 된다. 적절한 품새를 선택한다는 것은 적절한 기법들을 선택한다는 것이다.

(2) 공방성의 원리

둘째, 수련자는 품새 속에서 각 기법의 쓰임새가 분명하도록 해야 한다. ≪원리≫에 따르면 "품새의 동작들이 무엇을 하는 동작들인가 하는 데 대한 의미가 곧 쓰임새이다."(51장) 이것은 수련자가 품새에 포함된 기법들의 기술적 의미를 분명히 이해하고 자신의 움직임 안에서 정확히 구현하는가를 평가하는 것이다.(태권도기본교재, 2012, 133쪽) 품새 동작의 쓰임새의 근본은, 태권도 동작이 상대와의 공방이라는 점에 있다.

(3) 유효성의 원리

셋째, 수련자가 품새 속에서 각 기법의 쓰임날을 강화시켜야 한다. 여기서 쓰임날이란 각 기법이 상대를 제압할 수 있기 위해 필요로 하는 충분한 파괴력을 의미한다. ≪원리≫에서도 말하기를 "칼이 사물을 자를 수 있기 위해 반드시 필요한 날카로운 칼날과 같이, 상대를 제압하고 쓰러뜨리는 동작들이 갖춘 위력이 곧 쓰임날이다"라고 하였다.(51장) 쓰임날이 충분한지를 평가하는 요소들은 속도, 중심 이동, 기본적인 근육의 힘 등이 올바르게 배합되었는지 등이다. (국기원, 2011: 태권도기본교재, 2012, 134쪽)

표 5.3.5. 품새 수련의 원리

원리들	내용
적절성의 원리	수련자에게 품새 기법이 적절해야 한다.
공방성의 원리	품새수련은 곧 공격과 방어 활동의 연속이어야 한다.
유효성의 원리	품새 속의 기법에 필요한 기초 단련이 병행되어야 한다.

이 내용을 풀어서 설명하면 다음과 같다.

첫째, 적절성의 원리이다. 적절성의 원리란, 수련자가 자신에게 적절한 품새를 선택해야 한다는 것을 의미한다. 수련자와 동작의 형식의 관계를 고려한다면 적절성의 원리는 타당하다. 여기서 동작의 형식이란 곧 어떤 구체적 개인에 의해서 표현되지 않은 품새 자체를 말한다. 한편 적절한 품새를 선택한다는 것은 적절한 기법들을 선택한다는 것이다.

둘째, 공방성의 원리이다. 공방성의 원리란, 수련자가 품새 속에서 각 기법의 쓰임새가 분명하도록 수련해야 함을 의미한다. 이것은 수련자가 품새에 포함된 기법들의 기술적 의미를 분명히 이해하고 자신의 움직임 안에서 정확히 구현하는가를 평가하는 것이다.

셋째, 유효성의 원리이다. 유효성의 원리란 수련자가 품새 속에서 각 기법이 상대를 제압하기에 충분한 파괴력을 갖도록 하는 것을 의미한다. 이 파괴력을 "쓰임날"이라고도 한다. 이를 위해서는

품새와 더불어서 기법에 필요한 기초 단련이 병행되어야 한다.(태권
도기본교재, 2012, 133쪽)

표 5.3.6. 품새의 수련요소

품새의 수련요소	내용
기법	품새를 수련하는 주체. 태권도인
쓰임새	품새를 구성하는 공방의 기법들.
쓰임날	품새에서 가정하는 적.

≪원리≫ 51장에서 말하기를 쓰임새와 쓰임날은 품새라는 외형(거죽)을 채우는 뼈와 살에 해당된다. ≪삼재강유론≫ 4부6장에서 말하기를 "기법에서의 〈새〉와 〈날〉은 기법을 충분히 이해하고 바른 조건에서 숙달해야만 얻을 수 있다." 이와 같은 수련이 효율적이기 위해서는 '적절성의 원리'에 따라서 자신에게 맞는 품새를 수련해야 한다.

앞에서 설명한 품새의 3가지 구성 요소인 1)수련자, 2)동작의 형식, 3)가상의 상대와 품새 수련의 3가지 요소인 1)기법, 2)쓰임새, 3)쓰임날은 다음과 같이 결합된다. 아래의 삼각형 가운데에 '품새'가 존재한다. 그것은 진정한 태권도적 의미를 갖는 품새이다.

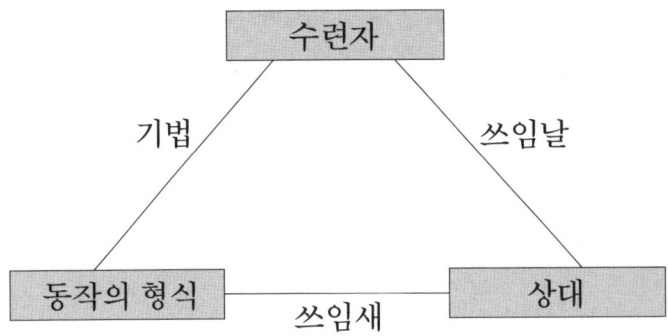

그림 14. 태권도 품새의 의미 구조

한편 태권도 품새의 가치는 다음과 같이 세 가지로 설명된다.

표 5.3.7. 품새의 가치 (태권도기본교재, 2012, 134쪽)

품새의 가치	내용
기법적 가치	품새가 태권도 기법과 관련해서 어떤 가치를 갖는가.
수련적 가치	품새가 태권도 수련과 관련해서 어떤 가치를 갖는가.
정신적 가치	품새가 태권도인의 정신세계와 관련해서 어떤 가치를 갖는가.

이상의 이해는 품새 수련에서 가장 중요한 하나의 원리로 모아진다. 그것은 반복 수련의 원리이다. ≪삼재강유론≫의 서시는 품새에 대한 시(詩)인데 거기에서는 다음과 같이 말한다.

한 번을 배우고 천 번을 반복해야 한다.

눈 속으로 흘러드는 땀을 참으며 앞을 보아야 한다.

그리고 잔인한 고통 속에서 스스로를 깎아내야 한다.

그렇게 나의 군더더기를 완전히 지웠을 때,

남겨진 여백 속에 티끌도 하나 없어

그 공허함이 너무 빠른 움직임이 되고

보이지도 않는 변화는 무심한 용기가 된다.

한없이 단순한 그림이 지독히 생생하여

싸늘한 전율이

삶의 안쪽을 향한 초월을 느껴

편안함으로 변할 수 있다.

4. 겨루기의 이해와 수련 원리

1) 겨루기의 정의와 이해 기준

이창후(2007e)에 근거할 때 태권도 겨루기연구의 체계는 다음과 같이 구성된다.(태권도기본교재, 2012, 107쪽)

표 5.4.1. 겨루기론의 구성

겨루기론의 구성	내용
겨루기 본질론	겨루기의 본질은 무엇인가?
겨루기 경기론	겨루기 경기란 무엇이며, 어떻게 해야 하는가?
겨루기 실전론	실전이란 무엇이며 어떻게 수련해야 하는가?
이종격투론	다른 무술가와 대적할 때 어떻게 해야 하는가?

겨루기와 태권도의 다른 수련 영역들은 다음과 같이 서로 연관된다.

표 5.4.2. 태권도와 다른 수련 영역들의 공통점과 차이점

겨루기와 다른 수련		내용
호신술과 겨루기	차이점	겨루기는 상황이 특정하지만, 호신술은 상황이 다양하다.
	공통점	실제 사람이 자신이 공격하는 것에 대처하는 수련이다.
기본기법과 겨루기	차이점	공방의 상대가 수련에 실제 존재하는가 그렇지 않은가.
	공통점	실질적인 공방의 움직임이어야 한다.
품새와 겨루기	차이점	공방의 상대가 수련에 실제 존재하는가 그렇지 않은가.
	공통점	기법의 연속으로 상대를 제압하고자 한다.
격파와 겨루기	차이점	상대(목표물)가 살아있는가 죽은 무생물인가.
	공통점	나의 공격에 충분한 파괴력이 있어야 한다.

2) 겨루기의 원리

태권도기본교재(2012)에서 이르기를 "겨루기의 원리는 삼원적인 틀과 음양적 틀을 결합한 삼재강유의 틀로 이해될 수 있다"고 하였다. 이 때 말하는 겨루기란 '태권도인이 수행하는 관점에서의 겨루기'이다.

겨루기의 원리를 살펴보자. 이 때 말하는 겨루기란, 관중이 구경하는 관점에서의 겨루기가 아닌 태권도인이 수행하는 관점에서의 겨루기이다.

겨루기에 대한 경험을 일반화해 보면 그것은 다음의 세 단계의 형식으로 이해될 수 있음을 알 수 있다. 1)예측, 2)무기, 3)변화가 그것이다.(국기원, 2011; 태권도기본교재, 2012, 112쪽) 〈국기원〉에서 이르기를 "예측, 무기, 변화는 겨루기에서의 삼재이다."라고 하였다.

표 5.4.3. 겨루기의 순서

겨루기의 순서	내용
예측	상대의 공방기법에 대한 예측
무기	예측을 기반으로 자신이 준비하는 반격 기법
변화	새로운 예측을 하고 새로운 무기를 준비하는 것

예측은 상대의 공방에 대한 예측이다.(〈국기원〉) 태권도기본교재(2012)에서는 "상대가 언제 어떻게 공격할지를 예측하는 것, 내

가 공격하면 상대가 어떻게 방어할지를 예측하는 것이다."라고 한다. 상대가 선제공격을 할지, 받아차기를 위해 기다릴지, 그리고 어떤 발차기를 주로 사용할지에 대해서 예측한다. 이런 예측이 없이 겨루기에 들어서는 태권도인은 없다. 있다고 하더라도 좋은 성적을 결코 거두지 못한다.(국기원, 2011)

≪심경≫ 4장 26절에서 말하기를, "많은 경우에 예측은 별로 어렵지 않다." 즉, 한두 번의 속임수 동작으로 상대의 움직임을 살펴보면 상대가 어떤 기법을 하려고 하는지 알 수 있고, 또 상대의 기법은 반복되기 때문에 이를 토대로 예측할 수 있다.

무기는 예측을 기반으로 자신이 준비하는 반격 기법이다. 그런 반격 기법에서 기본 기법이 매우 중요하다. 돌려차기로 공격해 온다면 뒤차기로 받아차겠다는 등의 계획이 곧 무기이다. 이 때 뒤차기는 자신이 충분히 숙달한 기법이어야 한다. 그렇지 않으면 반격은 실패한다.(국기원, 2011) 그렇다면 무기란 무엇인가? ≪철학적 원리≫에 따르면, "자신이 상대를 제압하는 모든 수단을 무기(武器)라 한다." 그리하여 궁극적으로 "어떤 것이 자신의 무기가 될 수 있는가 없는가 하는 것은 자신의 뜻이 그 무기 안에 살아서 뻗어 나갈 수 있는가 없는가에 의해 결정된다."(≪철학적 원리≫, 42장) 공방의 기법 역시 자신의 의지로 상대를 제압하는 수단이므로 무기라 하는 것이다.

태권도기본교재(2012)에 따르면 "주로 대부분의 태권도인들은 모든 기본 발차기 기법에 자유자재로 익숙하지 못하며, 중점을 두고 수련한 몇 가지 기법들을 주로 사용하여 득점을 한다. 발차기든 지르기든 혹은 다른 움직임들의 조합이든 이 소수의 특화된 기법이 곧 '무기'가 의미하는 바이다."

변화는 새로운 예측을 하고 새로운 무기를 준비하는 것이다. 하나의 예측을 근거로 해서 준비한 무기는 효과적일 수도 있고 그렇지 않을 수도 있다. 효과적이면 상대가 새로운 공방을 시도할 것이다. 이것을 예측해야 한다. 변화하는 것이다. 효과적이지 않다면 내가 새로운 무기를 준비해서 반격을 시도해야 한다. 이것 역시 변화이다.(국기원, 2011) 이 '변화'에 대한 보다 자세한 설명은 ≪심경≫에 나와 있다.

≪심경≫ 4장25절에서는 다음과 같이 말하였다. "내가 상대의 움직임을 예측한다면 상대도 나의 움직임을 예측할 것이다. 같은 기법을 반복해서 사용하지 마라. 반드시 반격 당한다. 거꾸로 내가 준비한 무기가 상대에게 잘 성공하지 않을 때에 변화를 주어야 한다."

≪삼재강유론≫에서는 말하기를, "자연은 총체적으로 변화한다. 그래서 하늘은 또한 변화의 이치를 의미한다."하였다. 이것은 곧 자연 안에 포함된 상대도 변화함을 말한다. 겨루기의 변화는 이와 같은 자연과 상대, 거기에서 이어지는 기법에서의 변화를 토대로 한다.

〈국기원〉에 따르면 겨루기는 이러한 과정의 연속이다. 이것을 도표로 나타내면 다음과 같다.(국기원, 2011)

표 5.4.4. 겨루기의 자기닮음 구조

예측	무기	변화					
예: 내려차기를 할 것이다.	예: 돌려차기로 받아찬다.	예측	무기	변화			
		뒤차기	밀어 차기	예측	무기	변화	
				…	…	…	

이 도표를 통해서 우리는 예측, 무기, 변화의 3단계의 연속이 구체적인 태권도 기법의 근간임을 알 수 있다. "예측과 무기, 그리고 변화에서 성공하면 구체적인 기법을 적용하기에 앞서 나는 유리한 위치를 선점하게 된다."(국기원, 2011)

이러한 삼재를 바탕으로 선제공격과 받아차기, 좌우의 기술 등을 기반으로 음양→사상→팔괘와 같은 논리형식으로 겨루기의 구조를 해석해 볼 수 있다. 그것은 다음의 도표와 같다.(국기원, 2011: 태권도기본교재(2012), 115쪽의 도표를 참조하여 팔괘의 상의를 추가하였음)

표 5.4.5. 겨루기의 팔괘 구조

무극	삼재	음양	4상	8괘	좌우	괘상	
상대를 제압함	예측, 무기, 변화	선제 공격	선제 공격 + 닫힘세	빠른 발 돌려차기 공격	오른쪽	☰	건[乾]
				나래차기 공격 (두번째 발 중점)	왼쪽	☱	태[兌]
			선제 공격 + 열림세	뒷발 돌려차기 공격	오른쪽	☲	이[離]
				앞 후리기 공격	왼쪽	☳	진[震]
		받아 차기	받아 차기 + 닫힘세	물러났다 받기 (돌려차기)	오른쪽	☴	손[巽]
				앞발 뺐다가 받기 (돌려차기)	왼쪽	☵	감[坎]
			받아 차기 + 열림세	뒤차기로 받아차기	오른쪽	☶	간[艮]
				옆으로 빠졌다 받기 (돌려차기)	왼쪽	☷	곤[坤]

겨루기를 수련함에 있어서 거리, 기세, 균형을 제어할 수 있는 것이 핵심이다. 거리, 기세, 균형을 제어한다는 것은 다음과 같다.

표 5.4.6. 겨루기에서의 거리, 기세, 균형

구분	개념
거리	상대에게서는 멀고 나에게는 가까운 거리를 찾기.
기세	기세의 완급을 조절하기.
균형	균형으로 나를 조절하고 파괴력을 얻기

3) 겨루기 수련의 원리

겨루기의 원리는 전체적으로 다음과 같은 구조로 정리된다.(태권
도기본교재, 2012a)

표 5.4.7. 겨루기의 원리 체계

겨루기 원리		내용
일반원리		①일기예의 원리, ②기초 우선성의 원리, ③정신성의 원리
특수 원리	내적 원리	① 망설이지 말라, ② 끊이지 말라, ③ 얽매이지 말라
	외적 원리	① 거리, 적시성, 박자의 원리, ② 딛기와 자세의 원리

이 중에서 겨루기의 일반 원리를 보다 상세히 설명하면 다음과 같다.

표 5.4.8. 겨루기의 일반 원리

겨루기 일반원리	내 용
①일기예의 원리	겨루기가 사실상 하나의 기법에 의해서 결판난다.
②기초 우선성의 원리	태권도의 기초가 다양한 응용기법을 할 수 있는 능력보다 겨루기에서 더 중요하다.
③정신성의 원리	정신적 요소가 겨루기에서 매우 중요하다

일기예의 원리는 겨루기가 겉보기와 달리 실질적으로는 하나의 기법에 의해서 결판난다는 것을 의미한다.(태권도기본교재, 2012a) ≪원리≫에서 말하기를 "태권도란 무엇인가? 그것은 하나의 기예(技藝)이다. 태권도는 하나의 기예로 시작하고 하나의 기예 안에서 완성된다."라고 하였다.(≪원리≫, 57장) 이것이 바로 겨루기에서는 일기예의 원리로 나타나는 것이다.

얼핏 보면 다르게 보일 것이다. 겨루기에는 전술과 작전이 포함된다. 그래서 하나의 기법만으로 승부의 우위를 결정짓는다고 하면 설득력이 없어 보일 것이다. 하지만 "실제로 겨루기를 하게 되면 상대를 제압할 수 있는 가장 중요한 요건은 각 태권도인이 가장 숙달하고, 또 정확히 숙달한 하나의 특기(기법)의 우열에 의해서 결정된다는 것이다."(태권도기본교재, 2012a)

최영렬(1990)에 따르면, "선수들은 각기 자기의 체력과 특성에 맞는 차기나 지르기를 중점적으로 연습할 수 있는 시간을 가져야 하며 특기를 꼭 개발하여 자기만의 기술을 가져야 한다."(최영렬, 1990) 이 역시 일기예의 원리를 말하는 것일 뿐이다.

기초 우선성의 원리는 겨루기에서 더 중요한 것은, 다양한 응용 기법이 아니라 기본 발차기 실력이나 체력, 혹은 정신력과 같은 태권도의 기초 요소라는 원리이다.(태권도기본교재, 2012a) "기초란 태권도의 기본동작, 혹은 기본 요소들이 체계적으로 조직화된 것을 가리킨다."(≪삼재강유론≫, 3부8장)

여기서 기초에는 기본 동작, 기본 기법, 체력, 투지와 동기부여와 같은 기본적인 정신력의 요소들이다. 이 기초는 화려하지 않고 금방 얻어지지 않으며, 그 습득 과정이 지루하고 재미없다는 특징을 가지고 있다.(태권도기본교재, 2012a) "그런데 태권도 기본의 수련은 단순하고 힘들고 지루하다. 단순하므로 화려하지 못하고 힘들기 때문에 연습하기 어려우며 지루하기 때문에 하기 싫어진다. 하지만 튼튼하고 완벽한 기본기가 없이는 〈태권도〉를 얻을 수 없다."(《삼재강유론》, 3부8장)

기초와 달리 복잡하고 화려한 응용기법들은 겨루기에서 제한적으로만 효과를 발휘한다. 일례로 "오직 수준 차이가 큰 두 선수가 겨루기를 할 때에만 다양한 응용기법으로 상대를 제압하는 것이 가능하다."(태권도기본교재, 2012a) 그만큼 일반화하기가 어렵다.

태권도 겨루기에서는 정신적 요소가 매우 중요하다. 이것이 곧 '정신성의 원리'의 의미이다. 《삼재강유론》 5부5장에서는 말하기를, "태권도를 함에 있어서 공격의 동작은 공격의 마음을 필요로 하며 방어의 동작은 방어의 마음을 필요로 한다."고 하였는데, 여기에서 정신성의 원리가 겨루기에 작용하는 핵심 고리를 이해할 수 있다.

이런 원리의 근본은 《원리》 53장에서 "몸과 마음이 통일되면, 몸 움직임이 바르지 않을 수 없으며 자신이 내는 힘이 신체에 제약되지 않으니 이가 곧 스스로를 제약하지 않음이다."라는 말과 연관된다. 즉 몸의 움직임에는 마음의 조절이 필수적이며, 양자의 조화를 통해서만 실질적인 능력 확대가 가능한 것이다.

겨루기에서의 정신성의 원리와 관련하여 강조하지 않을 수 없는 것이 '공포'이다. "초보자들이 겪는 다른 문제는 '공포'이다. 공포는 상대와 싸우고자 하는 마음을 치명적으로 가로막는다. 공포를 느끼면 상대로부터 달아나고자 하는 마음이 동하게 된다. 그럼에도 불구하고 초보자가 겨루기에 숙달되기 전에는 이 '공포'로부터 벗어나기 힘들다."(태권도기본교재, 2012a) 그리고 더 나아가서 이러한 공포라는 정신성의 문제는 숙달된 태권도인에게 '긴장' 혹은 '경직' 등의 문제로 변화할 뿐 지속적으로 유지된다.

한편 겨루기의 특수 원리를 보다 상세하게 설명하면 다음과 같다.

표 5.4.9. 겨루기의 특수 원리

겨루기 특수원리		내 용
①내적 원리	망설이지 말라	공격과 방어에서 과단성있게 결정하고 움직여라.
	끊이지 말라	하나의 공격이나 반격으로 모든 것을 종료하지 말라.
	얽매이지 말라	상황에 따라 유동적으로 대처하라.
②외적 원리	거리, 적시성, 박자의 원리	상대에게 나의 공격을 정확하게 적중시키기 위해서 생각해야 하는 원리
	딛기와 자세의 원리	딛기와 자세가 겨루기 경기의 많은 기법들을 결정한다.

겨루기의 내적 원리는 3개의 요결로 구성된다. 그것은 〈1〉망설이지 말라, 〈2〉끊이지 말라, 〈3〉얽매이지 말라-라는 것이다.(태권도기본교재, 2012a) 이 원리들은 태권도의 정신성에 대해서 논의하면서 설명된 것과 동일하다.

그만큼 겨루기의 일반 원리에서 강조했듯이 태권도에서 정신성은 중요하다.

겨루기의 외적 원리들로는 〈1〉거리, 적시성, 박자의 원리, 〈2〉딛기와 자세의 원리를 들 수 있다.(태권도기본교재, 2012a)

첫째, 내가 상대에게 공격을 정확하게 적중시키기 위해서 생각해야 하는 원리가 거리, 적시성, 박자의 원리이다.(태권도기본교재, 2012a)

먼저 적절한 거리가 중요하다. 가장 적절한 거리는 "태권도의 거리"라 할 수 있는데, 그것은 "상대가 의도하는 바는 미치지 않으며 자신이 의도하는 바만이 미치는 그러한 거리이다."(《원리》, 20장) 《삼재강유론》에서도 말하기를 "상대가 어떤 거리를 원하는지를 살핌으로써 상대가 어떻게 공격해 올지 판단할 수 있고 내가 원하는 거리를 숨김으로써 상대를 속일 수 있다"(《삼재강유론》 6부9장1절)라고 하였으니, 이것은 거리가 실제로 겨루기에서 작동하는 한 예이다.

거리가 공간적 요소인데 반해 적시성은 시간적 요소이다. 《심경》에서는 이르기를 "기법을 씀에 있어서 빠르고자 하지 말고 늦지 않고자 해야 한다."라고 하였다. 적시성이란 곧 '늦지 않음'의 의미이다. "거리에 의해서 적시성(timing)이 결정된다. 상대가 멀다면 다가가는 데에 시간이 걸린다. 대개 한두 번의 딛기를 통해서 기법을 구사하게 된다. 물론 이 딛기는 속임 동작이 되기도 하고 비어있는 공격으로 가장되기도 한다."(태권도기본교재, 2012a)

한편 박자는 적절한 시점에 자신의 기법을 일치시키기 위한 요소이다.(태권도기본교재, 2012a) ≪원리≫에서 이르기를, 박자란 "나누어진 변화의 마디"이며 "변화의 흐름을 특징짓는 형식성"이라고 하였다.(≪원리≫, 13장) 박자가 변화의 형식이므로 이 형식을 따라서 변화를 따라잡을 수 있다. "예를 들어서 초보자들은 물러났다 받아차기도 힘들어 한다. 하지만 초보자가 적절한 시점 자체를 인식하지 못하는 것은 아니다. 단지 그 시점에 자신의 받아차기를 일치시키지 못할 뿐이다. 이 때 박자 개념을 가지고 접근하면 초보자들이 보다 쉽게 상대의 빈틈에 자신의 받아차기를 적중시킬 수 있다."(태권도기본교재, 2012a) ≪심경≫ 에서도 "늦지 않기 위한 요결은 박자를 세는 것이다"라고 하였다.(≪심경≫, 4장9절)

둘째, 딛기와 자세가 겨루기 경기의 많은 기법을 결정한다. 이것이 곧 딛기와 자세의 원리이다. 이 때 "딛기와 자세는 사실상 어우러진 하나이다."(태권도기본교재, 2012a) 딛기를 '발놀림'이라고도 한다. 〈국기원〉에서는 "발놀림의 가장 중요한 기법적 요인은 몸의 중심을 재빨리 움직이는 데에 있다"고 하였다. 딛기는 자세를 유지하면서 중심의 이동함인 것이다.

이때 유지해야 하는 자세란, 공격과 방어의 준비 자세이다. 그리하여 ≪심경≫에서는 다음과 같이 말한다. "겨루기 자세의 핵심은 공격과 방어의 준비이다."(≪심경≫, 4장 23절) 즉 "자세는 내가 어떤 기법을 구사하기 좋은지를 결정한다. 그래서 내가 잘 할 수 있는 기법에 특화된다."(태권도기본교재, 2012a)

4) 겨루기 수련의 구분

겨루기는 하나이지만, 이것을 수련하는 방식은 상황에 수련 단계를 고려하여 다양하게 구분된다. 태권도에서 발전된 겨루기 수련방식들은 다음과 같이 나뉘어진다.(태권도기본교재, 2012a)

표 5.4.10. 겨루기 수련의 구분

구분	겨루기 이름	내용
맞춰 겨루기	한번 겨루기	공격자가 한 번 공격하고 방어자가 이를 반격하는 겨루기 수련
	세 번 겨루기	공격자가 세 번 공격하고 방어자가 이를 반격하는 겨루기 수련
자유 겨루기	경기 겨루기	2명의 수련자가 경기규칙에 따라서 득점으로 승부를 겨루는 수련
	연습 겨루기	2명의 수련자가 실제 타격 없이 실제로 경기하듯 하는 수련

자유 겨루기	표적물 겨루기	수련자가 상대 대신에 움직이는 표적을 대상으로 겨루기하는 수련
심상 겨루기	그림자 겨루기	혼자서 움직이며 상상 속의 상대와 겨루기 하는 수련
	상상 겨루기	눈을 감고 혼자서 상상 속에서만 겨루기 하는 수련

겨루기 수련의 주요 양대 축은 맞춰 겨루기와 자유겨루기라고 할 수 있다. 이것은 개념적으로도 그러하고 실제적으로도 그러하다. 맞춰 겨루기는 자유 겨루기라는 무형의 조건에 다가가는 유형의 조건이라고 할 수 있다.(태권도기본교재, 2012a)

맞춰 겨루기에는 한 번 겨루기와 세 번 겨루기의 두 종류가 있다. 세 번 겨루기의 특징은 공격자가 동일한 공격을 세 번 반복하는 것이다. 방어자는 이 공격을 연속적으로 막고 맨 마지막에 반격한다. 한편 한번 겨루기는 공격자가 공격할 때 방어자가 한 번 만에 즉각 반격한다. 초보자는 세 번 겨루기를 먼저 수련하고 숙달되면 한 번 겨루기를 수련한다.(태권도기본교재, 2012a)

자유 겨루기는 경기 겨루기와 연습 겨루기, 그리고 표적물 겨루기로 나눠질 수 있다. 경기 겨루기는 보호구를 착용하고 상대를 직접 가격하는 겨루기이며, 연습 겨루기는 보호구를 착용하지 않고, 또한 상대를 직접 가격하지도 않으면서 하는 겨루기이다. 한편 표적물 겨루기는 사범님이나 지도자가 목표물로 겨루기적인 상황을 제시하면서 계속적으로 공방을 하는 것이다. 표적물 겨루기에서는 거리, 기세, 균형에 초점을 맞추어야 한다.(태권도기본교재, 2012a)

심상 겨루기는 실제로 몸을 움직이면서 하는 그림자 겨루기와 움직임은 전혀 없이 상상만으로 겨루기하는 상상 겨루기로 나뉜다. 그림자 겨루기는 상대를 상상하면서 혼자서 겨루기를 하는 것이다. 한편 상상 겨루기는 실제로 몸을 움직이지 않고 정신적 영역 속에서 겨루기를 하는 것을 말한다. "심상 겨루기는 많은 정신적 노력을 요한다. 그저 생각만으로 겨루기를 하는 것이 쉬울 것이라고 생각하기 쉽지만 실제로 마음 속에서, 상상 속에서 구체적으로 겨루기를 수행하는 것은 결코 쉽지 않다."(태권도기본교재, 2012a)

태권도 철학·원리 집요
跆拳道哲學·原理 輯要

VI. 태권도 형이상학

1. 태권도의 철학적 이해
1) 태권도의 구조적 이해
2) 태권도의 일원론적 이해
3) 하나의 〈태권도〉와 형이상학의 필요성
4) 태권도학(跆拳道學)의 체계

2. 태권도와 한철학
1) 태권도 정신과 전통철학
2) 삼원철학의 형이상학적 근거
3) 하늘·땅·사람의 삼재(三才)
4) 도(道)·역(易)·법(法)과 태권도 원리

3. 태권도와 성리학
1) 성리학의 이론적 구조
2) 퇴계·율곡의 수양론과 태권도의 정신
3) 퇴계의 ≪성학십도≫ 개괄
4) 삼재강유도와 태극도
5) 태권도와 사단칠정론

4. 태권도와 불교철학
1) 불교 철학의 기본 이해
2) 불교와 태권도의 철학적 비교

태권도 철학·원리 집요
跆拳道哲學·原理輯要

VI. 태권도 형이상학

1. 태권도의 철학적 이해

1) 태권도의 구조적 이해

태권도와 불교철학의 연관성을 논의하려면 태권도가 철학적으로 개념화되어야 한다. 이를 위해 1)태권도의 본질, 2)태권도의 원리, 3)태권도 이해의 관점, 4)태권도의 포괄적 이해 내용의 네 가지 요소(이창후, 2007a)를 기준으로 태권도에 대한 철학적 이해 내용을 요약해 보면 다음의 표6.1.1과 같다.(태권도기본교재, 2012, 191쪽)

표 6.1.1. 태권도의 철학적 이해 내용

구분		내용
태권도의 본질		격투기법의 체계
태권도의 원리		삼재강유의 원리
태권도 이해의 관점	보편성	삶의 많은 부분을 이해
	특수성	태권도의 우월성 논제
포괄적 이해		태권도의 3국면적 이해: 정신, 기법, 수련

첫째로, 태권도의 본질은 '격투기법의 체계'라고 결론지을 수 있겠다.(태권도기본교재, 2012, 192쪽) ≪원리≫에서는 이르기를, 태권도란 "자신과 상대와의 극단적인 생존의 대립관계를 세상 안에 설정하거나 가정하고 정신적·육체적 활동을 통해 그 대립관계를 극복하는 가운데 인간의 조화된 성장과 개선을 지향하는 활동양식"이라 하였다.(4장) 〈국기원〉에서도 이르기를 "태권도의 본질은 태권도가 무예라는 점, 그리하여 격투기법이라는 점에 있다."고 하였다. 모두 같은 뜻이다.

둘째로, 태권도의 원리는 삼재와 강유의 원리이다.(태권도기본교재, 2012, 192쪽) 여기서의 삼재와 강유의 원리는 기법의 원리에서부터 정신의 원리와 수련의 원리를 포괄한다.

셋째로, 보편성의 관점에서 태권도를 이해한다는 것은 격투기법의 체계라는 태권도의 본질이 갖는 보편성을 고찰하는 것이다. 한편 특수성의 관점에서 태권도를 이해한다는 것은 태권도가 다른 격투기법들, 즉 다른 무예들과 어떤 차이점을 가지고 있으며 그것이 어떤 의미를 갖는가를 생각해 보는 것이다.

보편성의 관점에서 "태권도와 다른 무예들이 격투기법의 체계라는 본질에서는 동등하다. 하지만 다른 무예들과 태권도는 발차기 기법이 보다 잘 발달되어 있는지라는 점에서 쉽게 차별화된다."(이창후, 2007a)

특수성의 관점에서 이에 대한 해답의 출발점은 분명한데, 그것은 태권도의 무예적 특징은 발달된 발차기 기법에 있다는 사실이다.(태권도기본교재, 2012, 192쪽) 이로부터 태권도의 우월성 논제가 도출된다. 즉 발달된 발차기 기법체계의 특징을 가진 태권도는 다른 무예들보다 우월한 점이 많다.(이창후, 2007a)

넷째로 이와 같은, 독특한 격투기법 체계로서의 태권도를 보다 포괄적으로 이해하자면 정신과 기법, 그리고 수련이라는 세 측면을 고찰해야만 한다. 이것을 가리켜서 태권도에 대한 "3국면적 이해"라고 부른다.(정근표, 2008)

2) 태권도의 일원론적 이해

〈국기원〉에서는 태권도를 일원론적으로 단순하게 이해해야 한다고 강조한다. 이에 따르면 "인간의 모든 활동 분야는 단 하나의 분명한 목적성을 가지고 있다. 태권도 역시 그러하다. 태권도의 모든 원리는 이러한 태권도의 단순한 목적성에서 생겨난다."

〈국기원〉에서 이렇게 강조하는 까닭은 기존의 여러 연구에서 태권도를 이해하고 그 결과로서 제시하는 원리들이 잡다한 항목들의 나열이 많았기 때문이다. 이것은 올바른 이해가 아니다. 이를 강조하기 위해서 다른 분야에서 올바르게 각 연구 대상을 이해하는 방식을 비교하여 표로 제시하였다. 그것은 다음과 같다.

표 6.1.2. 여러 분야들과 태권도의 기예와 지식 비교(국기원, 2011)

구분	목적	기예와 지식의 내용
음악	청각적인 아름다움을 창조	모든 지식이 청각적인 아름다움을 창조하기 위한 것: 화성, 연주, 발성법 등
미술	시각적인 아름다움을 창조	모든 지식이 시각적인 아름다움을 창조하기 위한 것: 색채, 구도, 원근법, 조각 등
수학	추상적 원리의 세계를 탐구	모든 지식이 추상적 원리를 탐구하기 위한 것: 기하학, 정수론, 수론, 대수학 등
물리학	자연의 진리를 탐구함	모든 지식이 자연의 법칙을 탐구하기 위한 것: 역학, 유체역학, 정역학, 이론물리학 등
태권도	상대를 제압하고 나를 지킴	모든 지식이 상대를 제압하고 나를 지키기 위한 것: 기초론, 기법론, 수련론 등

음악, 미술, 수학 등 어느 분야도 자신들이 관심을 가지는 단순

한 대상에 집중한다. 그런데 일부 태권도 연구자들은 '격투기법의 체계'로서의 태권도 본질은 제쳐 두고 '인성교육'과 같은 보편적이면서도 초점이 없는 내용에 대해서 논의한다. 이러한 태도는 지양되어야 한다.

3) 하나의 〈태권도〉와 형이상학의 필요성

〈도(道)〉로서의 태권도를 "〈태권도〉"라고 하자. 이러한 〈태권도〉는 포괄적인 하나의 큰 진리이다. 하지만 이것이 아무리 불변의 진리일지라도 〈태권도〉를 모르는 사람들에게 알고 이해할 수 있도록 하기 위해서는 더욱 상세한 설명이 필요하다. 그리고 그런 설명들은 다시 하나의 〈도〉를 여러 가지로 나누어서 설명하는 것을 의미한다. 이에 따라서 〈태권도〉에 대한 형이상학이 생겨난다.(국기원, 2011) 〈국기원〉에 따르면 형이상학에 대한 기본 개념들은 다음과 같다.

- 형이상학(形而上學)이란 철학적 기본 가정들을 비판적으로 검토하고 존재하는 것이 무엇인지를 규정하는 철학의 한 분야이다.
- 형이상학은 추상적이고 고차원적 개념들에 대한 검토와 해명을 시도한다. 〈도〉가 바로 형이상학이 해명해야 하는 개

념 중의 하나이다.

- 〈태권도〉에 대한 형이상학은 〈태권도〉에 대한 전통적인 개념들인 무술·무예·무도에 대한 반성으로부터 시작할 수 있다.

〈도(道)〉로서의 태권도, 즉 〈태권도〉는 곧 무도(武道)이다. 그 속에는 무술과 무예가 포함된다. 무술·무예·무도에 대한 기본 이해는 다음과 같다.

표 6.1.3. 무술, 무예, 무도의 개념

(국기원, 2011; 태권도기본교재, 2012, 84쪽)

근원	개념	의미	이해 차원
태권도	무술	상대를 제압하고 쓰러뜨리는 기술	기술의 차원. 사람이 단순히 원하는 목적을 얻는 수단의 개념
	무예	사람이 무술을 함에 있어 그 마음과 혼을 싣기를 예술과 같이 하여 몸과 마음을 가지런히 함을 얻는 것	예술의 차원. 사람의 활동 중 그 활동 자체가 목적이 되는 개념
	무도	무예에 더하여 그 안에서 궁극적 진리에 이르고 또한 〈도〉를 실현함.	〈도〉의 차원. 사람의 활동 중에서 그 활동 속에서 무한한 깨달음을 얻는 것.

무술, 무예, 무도의 구분에 대하여 ≪원리≫에서는 다음과 같이 말한다.

"무술이란 목적을 위한 기술로서의 태권도의 모습이요, 무예란 기술을 위한 기술의 차원 즉 〈예藝〉로서의 무술이며, 무도란 그 모든 것이면서도 또한 그 어느 것도 아닌 것을 한가지로 함이다."(≪원리≫, 3장)

〈국기원〉에 따르면 무술이란 태권도를 기술의 차원에서 이해하는 것이다. 기술이란 사람이 원하는 목적을 얻는 수단이다. 이런 관점에서 이해된 태권도는 '상대를 제압하고 쓰러뜨리는 기술'에 다름 아니다. 한편 무예란 '무술을 예술의 차원으로 이해하는 것'이며, 무도란 〈도〉의 차원에서 무술을 이해하는 것이다.

이러한 구분은 태권도의 수련과 사용에도 적용된다. 즉, "상대를 대하기를 〈술術〉로써 하고 스스로를 대함에 있어서는 〈예藝〉로써 하며 그러한 전체를 〈도道〉에 따라서 얻으니 그것이 곧 〈태권도〉이다.(≪원리≫, 13장)

"무술, 무예, 무도의 구분은 태권도 형이상학의 중요한 부분이지만 시작에 불과하다. 태권도 형이상학은 이런 개념에서 출발해서 원리의 존재론, 정신의 가치성, 논리성 등을 따질 수도 있고, 더 세부적인 요소들의 의미를 다른 관점에서 조망할 수도 있다."
(국기원, 2011)

4) 태권도학(跆拳道學)의 체계

태권도학(跆拳道學)의 형이상학이란 태권도학의 체계와 연구 방법에 대한 형이상학, 곧 비판적 반성이다. 태권도기본교재(2012)에 따르면 태권도학의 체계를 구성하기 위한 시발점도 단순한 것에서 시작되어야 한다. 그것은 바로 '질문과 답의 관계'가 그것이다.

> 모든 학문은 어떤 질문에 대한 답이자, 그 답에 대한 탐구과정이다.
> 마찬가지로, 태권도학은 태권도에 대한 질문과, 그에 대한 답의 탐구과정이다.(태권도기본교재, 2012, 161쪽)

태권도학의 형이상학은, 태권도에 대한 여러 가지 이해방식들(즉, 태권도학)의 저변에 있는, 버릴 수 없는 생각의 기본 원칙들의 체계(즉, 형이상학)를 말한다. 그것은 모든 합리적인 사고의 바탕이 되는 사고의 원칙들인데, 그중 하나는 질문과 대답의 관계 연쇄성이다. 즉 모든 진지한 사고란 질문에 대한 대답, 그리고 거기서 새롭게 이어지는 질문과 대답의 연쇄적 관계라는 점이다. 이런 점에서 태권도학의 여러 분야를 정리하는 한 가지 중요한 방법을 찾을 수 있다. 그것은 곧 학적 물음들의 연결구조를 확인하는 것이다.

태권도학(跆拳道學), 즉 태권도에 관한 태권도에 관한 제반 학문의 중심에 있는 학적 물음들은 어떤 것인가? 그 물음들(문제들)은 다음과 같다.(이창후, 2007c; 태권도기본교재, 2012, 162쪽)

(태권도학의 근본 물음) 어떻게 태권도를 잘할 수 있는가?

1. (인식적 주제) 태권도란 무엇인가?

1-1. (태권도 역사) 태권도가 시공간적으로 어떻게 생겨나고 발전했는가?

1-2. (태권도 철학) 시공간적으로 존재하는 모든 것들 간에서 어떤 것이 태권도이고 어떤 것이 태권도가 아닌가? 즉 태권도의 내포와 외연은 무엇인가?

2. (실천적 주제) 어떻게 잘할 수 있는가?

2-1. (태권도 기법론) 태권도를 잘한다는 것이 무엇인가? 즉 이상적인 태권도의 기법 체계들은 어떠한가?

2-2. (태권도 수련론) 태권도를 못하는 상태에서 태권도를 잘하는 상태로 가기 위해서 어떤 과정을 거쳐야 하는가?

3. (제반 관련 과학) 태권도를 잘하기 위해서 더 알아야 하는 것은 무엇인가?

표 6.1.4. 태권도의 학적 물음들의 기본 체계

(태권도기본교재, 2012, 162쪽)

구분	(근본 물음) 어떻게 태권도를 잘할 수 있는가?				
중요성	(원래 분야) 태권도 자체에 대해서 뭘 알아야 하는가?				(기타 분야)
과목 성격	(인식적 주제) 태권도란 무엇인가?		(실천적 주제) 어떻게 잘할 수 있는가?		(그 밖의 주제) 더 알아야 하는 것은?
개별 과목	태권도가 시공간적으로 어떻게 변화했는가?	태권도는 개념적으로 무엇인가?	이상적인 태권도란 어떤 것인가?	어떻게 태권도 실력을 키울 수 있는가?	기존의 지식과 태권도는 어떻게 관련되는가?

이에 근거하여 올바른 태권도학의 체계를 표로 정리해 보면 다음과 같다.

표 6.1.5. 태권도학의 기본 체계(태권도기본교재, 2012, 164쪽)

구분	태권도학(跆拳道學)			
중요성	태권도 원류학			지류학
과목 성격	정체성 분과	실천적 분과		관련 분과
개별 과목	태권도 사	태권도 철학	기법론	수련론	관련 과학

이상과 같은 개략적 구도 속에서 그 학적 물음에 대해 탐구하기 위한 추가적인 물음을 산출해 나가다 보면 우리는 태권도학의

세부 체계들을 도출해 낼 수 있게 된다. 그 결과를 먼저 그림으로 제시하면 대략 다음과 같다.(태권도기본교재, 2012, 164쪽)

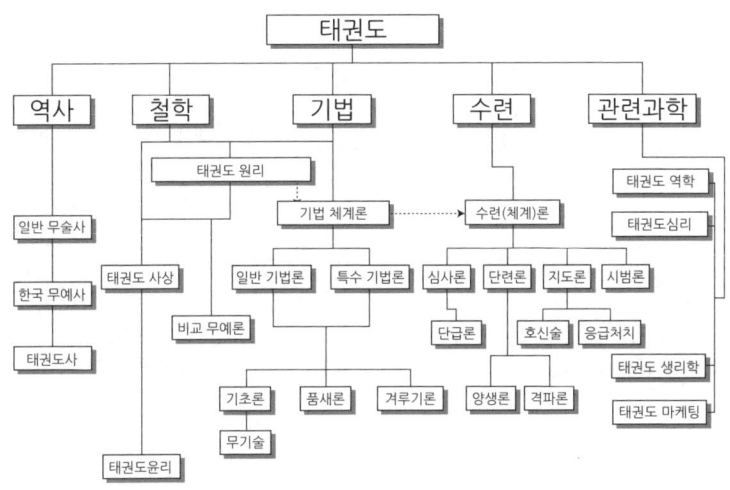

그림 15. 태권도학의 체계

태권도학의 체계에 대한 논의, 즉 태권도학의 형이상학에 대해서는 송형석 외(2011)가 논의하였으나 〈1〉태권도의 현실은 배제하고, 규범적인 측면만을 가지고 학의 체계를 구성하는 문제, 〈2〉태권도에서 인간의 길, 기술의 길, 수행의 길 세 가지를 도출하는 논리적 전개의 임의성의 문제, 〈3〉태권도학의 체계에 대한 논의는 현재의 태권도학의 체계가 갖는 문제점에서 생겨나지만 결국 그 문제 상황 안에 안주한다는 문제가 있다.(태권도기본교재, 2012, 165-168쪽)

2. 태권도와 한철학

1) 태권도 정신과 전통철학

태권도 정신에 대해서는 많은 논의가 있었다. 하지만 학문적인 관점에서 태권도 정신론의 핵심은 '메타정신론'이라 할 수 있다. 그 내용은 어떤 것이 왜 태권도 정신이며, 어떻게 정당화될 수 있는가 하는 것이다.(태권도기본교재, 2012, 158쪽)

메타정신론	어떤 것이 왜 태권도 정신인가? - 정당화의 문제

태권도 정신을 정당화하기 위해서는 태권도의 고유성을 고려해야 한다. 이에 따라서 태권도 정신이 한국의 전통철학과 결부될 필요가 있다. 이것은 기존의 태권도 정신 연구자들이 암묵적으로 동의하는 바이다. 태권도기본교재(2012)에 따르면, "최홍희가 예의, 염치, 인내, 극기, 백절불굴을 태권도 정신으로 내세우거나 안용규가 평화, 애국, 예의, 충효, 부동심, 호연지기, 극기, 정신, 준법성 등을 태권도 정신으로 내세울 때, 거기에는 이미 한국문화와 전통사상의 영향이 포함되어 있으며, 사실상 최홍희나 안용규와 같은 사람들이 그것을 적극적으로 표명하고 있음을 인식해야 한다. 왜냐하면 안용규의 예에서, 애국, 예의, 충효, 호연지기 등의 내용은

동양사람, 특히 한국문화권의 사람만이 한꺼번에 이해하고 자연스럽게 받아들일 수 있는 덕목들이기 때문이다."(태권도기본교재, 2012, 158쪽)

태권도 정신이 전통사상과 결부되기 때문에, 태권도 정신 역시 한국의 고유철학이라 할 수 있는 "삼일철학"과 결부될 수 있다. 〈천부경〉을 중심으로 한 한국 고유의 사상은 "삼일철학"이다.(태권도기본고재, 2012, 91쪽) 최동환(2011)이나 이근철(2011), 혹은 김부찬(2006), 예만기(2006) 등 한국 고유철학을 연구한 사람들은 공통적으로 한국의 전통철학을 "삼원철학" 혹은 "삼일철학"이라고 말하며, 그 핵심 개념으로서 천지인(天地人) 삼재(三才)를 언급한다.

김부찬(2006)에 따르면, 삼원이란 '세 가지 으뜸되는 것'이라고 말할 수 있으며, 삼원의 "원(元)"이란 말은 본체론적 의미와 존재론적 의미에서의 형이상학적 존재근거이다.(김부찬, 2006, 118-119쪽) 한편 이근철(2011)은 천지인 삼원이 '추상적이고 상징적인 것'이라고 말한다.(이근철, 2011, 99쪽)

《삼재강유론》은 삼원으로서의 삼재를 인식론적 측면과 존재론적 측면으로 나누어서 설명한다.(2부2장 1~4절) 삼재 개념의 인식론과 존재론을 요약하면 다음의 표와 같다.

표 6.2.1. 삼재의 이해 구조

삼재의 이해	내용
인식론적 본질	분별할 수 없는 하나의 진리를 말하기 위한 틀
존재론적 본질	전체로서의 하나가 이것저것 구분되는 대상들을 포함하여 분별 되는 논리적 구조

삼재 개념의 인식론과 존재론을 보다 상세히 설명하자면 다음의 표와 같다.

표 6.2.2. 삼재의 형이상학

삼재의 형이상학		내용
인식론	삼재 개념의 기능	그 본래적으로 분별할 수 없는 근거를 통찰하고 이를 통해서 분별적인 모든 것이 존재할 수 있는 틀, 그리하여 곧 변화의 틀을 형식화할 수 있다.
	삼재 개념의 위상	삼재 개념은 분별할 수 없는 것에 대해서 분별적 으로 형식화한 가장 근저의 개념이다.
	삼재 개념의 근원성	삼재 개념은 주관이 주관 스스로를 반성하는 개념을 그 고려 속에 포함한다.
존재론	삼재 개념의 결과	존재하는 것 전체는 대상인 것과 대상이 아닌 것으로 나뉜다.
	삼재의 범주	대상, 대상이 아닌 것 (대상을 가능하게 하는 것), 그리고 그 원천이 되는 인식주관까지 포함하여 3자가 정립된다.

《삼재강유론》에서는 "분별된 것, 그래서 상대적으로 불변하는 것이 갖는 변화의 양상이 음양이다. 음양이 섞여서 변화하

는 성질이 강유이며 그 존재의 유무가 곧 허실이다."(2부5장)라고 말한다.

2) 삼원철학의 형이상학적 근거

모든 것은 하나이다. 이것이 만물을 하나로 일이관지(一以貫之)로 관통하는 〈도〉의 전제조건이다. 또한, 태권도의 전제조건이기도 하다. 태권도에 대한 철학적 문제가 생겨나는 까닭은 〈도〉는 하나이지만 만물은 여럿이라는 데에 있다. 어떻게 많은 측면에서 다양하게 다른 만물이 다 같은 하나의 것이라고 할 수 있는가?

그러므로 '하나'와 '여럿', 혹은 '일자(一者)'와 '다자(多者)'의 상관성을 이해하는 것이 만물의 진상을 〈도〉를 통해 이해하고자 하는 사람들에게 과제가 된다. 음양(陰陽)이나 오행(五行)은 이 물음에 대한 답이 되지 못한다. 왜냐하면, 음양이나 오행은 이미 여럿이기 때문이다. 물음은 음양이나 오행과 같은 여럿의 요소들이 단 하나의 전체로부터 생겨나는 근거이다. 삼원철학이 여기에 대해 답을 줄 수 있다.(국기원, 2011)

삼재의 존재론적 근거를 먼저 간단하게 요약해서 말하면 이러하다. 모든 구분의 근거는 의지주관이다. 의지주관에 의해서 대상은 구분된다. 의지 주관에 의한 대상의 구분과 더불어서 그러한 구분과 그 구분을 가능하게 하는 근원이 구분된다. 즉 존재하는 것 전체는 대상인 것과 대상이 아닌 것으로 나뉘는데, 이 때 대상이 아닌 것은 대상을 대상으로서 가능하게 하는 나머지 전체이다. 대상과 대상이 아닌 것이 정립되면 2개의 범주가 정립되지만, 이는 인식주관에 대해 정립되는 것이다. 따라서 주관까지 포함하여 3자가 정립된다.(≪삼재강유론≫, 2부2장3절)

이런 까닭에 삼원철학은 하나의 전체 안에 포섭되는 모든 현상과 대상에 적용될 수 있다. 태권도 역시 하나의 〈도〉로서 하나이면서 다양한 현상을 나타내는 무예이니 역시 삼원철학으로 설명될 수 있다. 이러한 삼원철학의 구성요소는, 앞에서 손자병법과 태권도 원리를 비교하면서도 살펴보았듯이 삼원의 요소들인 하늘·땅·사람의 삼재(三才)와 음양(陰陽)·강유(剛柔)·허실(虛實)의 양익(兩翼)이다.(국기원, 2011)

3) 하늘·땅·사람의 삼재(三才)

하늘·땅·사람의 삼재(三才)의 근원은 태권도의 〈도〉로서의 존재이다. 〈태권도〉에는 무술, 무예, 무도의 세 측면이 있으므로 이것은 각각 삼원적이다. 삼원적이기 때문에 삼재(三才)의 개념으로 이해될 수 있다.(국기원, 2011) ≪삼재강유론≫에서는 삼재의 존재론적 근거에 대해서 다음과 같이 설명한다.

삼재의 존재론적 근거를 먼저 간단하게 요약해서 말하면 이러하다. 모든 구분의 근거는 의지주관이다. 의지주관에 의해서 대상은 구분된다. 의지 주관에 의한 대상의 구분과 더불어서 그러한 구분과 그 구분을 가능하게 하는 근원이 구분된다. 이것이 "하늘과 땅이 있으면 그 사이에는 사람이 있기 마련이니 이는 하늘과 땅이 사람이 있음으로 하여 갈라지는 때문이다."(12장)라는 말의 뜻이며 하늘과 땅의 상징 사이에 사람의 상징을 두는 이유이다.(2부2장3절)

하지만 삼재의 개념은 여기에 그치지 않는다. 〈국기원〉에 따르면 "그것은 전쟁이든 격투이든, 모든 싸움에서 유리한 위치를 선점하는 것, 그리하여 싸움을 이미 이겨 놓은 상태에서 시작하는 길을 의미한다. 유리한 위치를 선점하면 그것이 곧 싸움을 이미 이겨 놓은 것이 되므로, 양자는 사실상 같은 의미이다." 마찬가지로 ≪심경≫에서 말하기를, "삼재란 자신이 항상 유리한 위치를 점하는 원리로서 내가 이길 수 있는 이유를 선점하는 것이다"라고 하였다.(1장7절)

하지만 유리한 위치를 선점한다는 것은 단순한 하나의 뜻이지만 그것을 실제로 성취하는 데에는 매우 복합적인 요소가 작용한다. 그래서 하늘·땅·사람의 세 요소로 구분해서 이해하고 그 길을 따른다. 삼재(三才)의 의미는 바로 여기에 있다.(국기원, 2011)

태권도는 하나이고 그 원리인 〈태권도〉도 하나이다. 하지만 이것을 이해하기 위해서는 여럿으로 나누어 생각하지 않을 수 없다. 하나의 만상(萬象)을 모두 포괄하면서도 최소한의 측면들로 나누는 것이 곧 삼재의 개념이다. 그러므로 삼재를 통해서 일체의 이치를 이해한다.

4) 도(道)·역(易)·법(法)과 태권도 원리

삼재를 통해서 이해되는 일체(一體)의 이치에는 세 가지 이름이 있다. 그것은 도(道), 역(易), 법(法)이다. 그 분별된 대상은 음양, 강유, 허실로 분별된다. 즉 〈도〉에서 강유가 나오고 〈역〉에서 음양이 나오며 〈법〉에서 허실이 나온다. 이 모두는 삼재를 통해서 이해되는 일체의 분별상이므로 음양, 강유, 허실이 서로 다르지 않으며 다만 다른 이해 형식일 뿐이다.

≪원리≫에서 이르기를, "〈도〉는 분별할 수 없는 절대의 모습을 '없음'의 이름으로 가리키는 것이요, 〈역〉은 그것을 '있음'의 이름으로 가리키는 것이다. 무엇이 있고 무엇이 없는가? 그 있고 없는 것이 곧 분별"(24장) 이라고 하였다. 또한 ≪삼재강유론≫에서 말하기를 "그 있고 없음 자체는 또한 〈법〉에 의지한다. 이것이 무분별의 이치 하나가 〈도·역·법〉으로 달리 이름되는 까닭이다"(6부 12장)라 하였다.

그러므로 〈도〉는 도가에서 자연을 이해함에서 사용하는 개념이며, 〈역〉은 유가에서 자연적 이치를 가리켜 사용하는 개념이다. 유가에서는 〈도〉를 사람의 이치, 즉 윤리적 원리를 가리켜 말할 때 사용한다. 예를 들어 성리학에서는 〈도〉의 내용을 곧 리(理)와 같은 것으로 보는데, "리(理)는 모든 선의 원천이며 그 자체로 순수히 선하다는 것, 요컨대 리(理)의 소당연(所當然)적 성격, 곧 가치원천성이다."(유초하, 1996, 42쪽) 이 때 소당연적 성격이란 곧 도덕 규범을 의미한다. 하지만 〈역〉 역시 자연의 이치이면서도 인간의 도리를 같이 의미한다. 불가에서는 사람이 지켜야 하는 계율을 〈법〉이라 한다. 하지만 〈법〉 역시 자연의 이치를 포함한다.

이처럼 도(道), 역(易), 법(法)을 태권도학에서 쓸 수 있는 기본적인 근거는 《삼재강유론》 6부12장에 다음과 같이 제시되어 있다.

원래 도가와 유가에서 〈도〉를 논한다. 하지만 자연을 〈도〉로써 이해함에 있어서는 도가가 적극적이며 유가는 〈역〉으로써 이를 대신한다. 그러면서도 도가와 유가는 인간사에서 그 관심이 떠나지 않고 오히려 그 안으로 극복해 들어온다. 이것은 태권도의 이념인 "삶의 안쪽을 향한 초월"(60장)과 같다. 한편 부처가 설한 이치를 "불법(佛法)"이라 한다. 불법에서 바로 색(色)과 공(空)을 말하며 그리하여 존재의 있고 없음을 말한다. 그 상대적인 있고 없음이 곧 차있음과 비어있음이니 절대적 있고 없음에 대한 불법에서 빌어온 개념으로 허실이 적합하다고 하겠다.

〈도〉를 말하는 도가에서는 자연의 섭리를 말하므로 부드러움과 굳셈을 설명한다. 유가의 〈역〉에서는 음양의 변화로 만물의 변화를 설명한다. 불가에서는 색(色)과 공(空)을 말하며 그리하여 존재의 있고 없음을 말한다. 결국, 있고 없음이니 허실에 가깝다고 하겠다. "〈태권도〉는 이 삼자를 원래 하나로 포괄하는 전통인 풍류(風流)에 그 연원을 두는 것이니 곧 〈도·역·법〉을 하나로 일치시키고 강유·음양·허실을 포섭한다."(《삼재강유론》, 6부12장)

그러므로 다음과 같이 정리할 수 있다.(국기원, 2011)

표 6.2.3. 태권도의 〈도·역·법〉

태권도	하위개념	사상적 배경	주된 적용 대상
도(道)	강유(剛柔)	유교적	사람이 행위를 해야 할 바에 대한 원리
역(易)	음양(陰陽)	도교적	자연이 변화하는 원리
법(法)	허실(虛實)	불교적	사람이 사물(자연)을 인식하는 원리

《삼재강유론》에 따르면, "〈도·역·법〉의 삼자가 어울려 서로의 근거가 된다." 이에 따라 삼재가 모든 무분별적 진상이 분별적

으로 이해되기 위한 최초의 반성적 틀이기 때문에 〈도〉와 〈역〉, 그리고 〈법〉 역시 삼재의 틀에 따르게 된다. 이것을 삼재의 틀에 따라 배열에 보면, 〈도〉는 그 자체 내재적인 분별이 없으니 하늘에 해당한다. 〈역〉은 분별된 것이니 곧 땅에 해당한다. 끝으로 그 있고 없음을 근거짓는 것이 〈법〉이니 이는 곧 사람에 해당한다.
(《삼재강유론》, 6부12장)

3. 태권도와 성리학

1) 성리학의 이론적 구조

최근의 성리학과 태권도의 비교 연구는 한국의 전통철학을 구체적으로 태권도의 철학에 접목시키려는 시도로서, 한국의 전통 무예로서의 태권도 발전에 매우 중요한 부분이 될 수 있다. 이러한 연구는 박준석(2004)에서도 시도되었으며 이창후(2007)에서 본격적으로 활성화되었고, 이어서 정근표(2008) 박사의 학위논문에서도 이 연구가 시도되었다. 최영렬(2008)과 최영렬·정근표(2010), 이창후(2010)의 연구도 참고할 만하다.

태권도와 성리학의 비교 연구가 가능한 이유는 양자가 수양론에 중심을 두는 사상체계이기 때문이다. 양자의 유사성을 정리하면 다음의 표와 같다.

표 6.3.1. 유교와 태권도의 목표 비교

유교와 태권도	내용
유교의 목표	내성외왕(內聖外王) 혹은 수기치인(修己治人). 자신의 인격을 완성하고, 도(道)를 밝혀 세상에 봉사하는 것
태권도의 목표	정신 · 기법 · 수련을 통한 자아실현

성리학의 핵심 내용은 리기론(理氣論), 심성론(心性論), 수양론(修養論)의 구조로 이해될 수 있고, 태권도 철학의 내용은 정신론, 기법론, 수련론의 체계로 이해될 수 있다. 성리학의 개략적인 논리구조를 일목요연하게 보여주는 도식은 이창후(2010)에서 볼 수 있는 다음의 표이다.

표 6.3.2. 성리학의 논의 구조와 내용 요약

(이창후, 2010에서 인용)(태권도기본교재, 2012, 174쪽)

논의	내 용	주요 개념들
리기론	우주의 구조	태극(太極) · 리(理) · 기(氣) 등
심성론	인간의 구조	심(心) · 성(性) · 정(情) · 의(意) 등
수양론	도덕적 수양의 방법	궁리(窮理) · 거경(居敬) · 성실(誠實) 등

성리학에서의 리기론의 내용을 요약하자면 '성리학 전체의 이

론적 토대이자 출발점'(이창후, 2007)으로서 우주만물을 리(理)와 기(氣)의 이원론으로 설명하는 이론이다.

리기론의 논리적 기초 위에 성리학의 심성론이 전개된다. 성리학적 심성론에 따르면 모든 인간은 다 같은 리(理)를 천(天)으로부터 부여받으며 그것은 곧 인의예지(仁義禮智)이다.

성리학에서는 각자의 기(氣)로 인해서 발현되지 못하는 인의예지의 리(理)를 발현하기 위해 도덕적 수양을 해야 하며 그 방법이 곧 앞에서도 언급한 내성외왕(內聖外王) 혹은 수기치인(修己治人)이다. 수양론의 핵심은 수기(修己)인데 그 핵심이 궁리(窮理)와 거경(居敬)이다. 궁리(窮理)란 이치를 탐구하고 지식을 얻는 것이며 특히 도덕적, 윤리적 지식을 얻는 것이다. 거경(居敬)이란 항상 경건한 마음을 유지하는 것, 즉 경(敬)에 거(居)하는 것이다.

전체적으로 '성리학(性理學)'이란 학문은 '성명(性命)'과 '의리(義理)'를 강조하는 학문으로서 그 학문적 목적하에서 성리학은 우주의 생성 원리와 인간의 선천적 본성을 종합적으로 탐구하는 사변 철학으로서 형이상학적 이론에 그 준거를 두면서도 다른 한편으로 그것은 강력한 민족 의식에 바탕하고 춘추 의리 정신에 입각한 존왕양이(尊王攘夷)의 대의명분을 실제 행위로 옮기려는 사상으로서 '실천정신' 역시 그에 못지않게 강조하고 중시하여 도학(道學)이라고 불리기도 한다.(이종태, 1996, 61-62쪽)

표 6.3.3. 성리학과 태권도의 내용적 비교

이론 구조	성리학의 내용	태권도의 내용
리기론	리: 만물의 법칙	리: 삼재강유의 원리
	기: 만물의 재료	기: 인간의 몸짓과 상황
심성론	사단칠정론	삼재강유론적 정신체계
수양론	궁리(窮理)와 거경(居敬)	태권도 수련론

2) 퇴계·율곡의 수양론과 태권도의 정신

성리학의 초점은 궁극적으로 수양론에 있다. 그리고 이 점에서 태권도의 정신과 잘 일치한다.(태권도기본교재, 2012, 179쪽) 즉 태권도는 격투기술의 수련을 통해서 심신을 단련하고, 그리하여 궁극적으로 자신의 수양을 하는 것을 출발점으로 삼기 때문이다. ≪원리≫에서는 말하기를, "태권도는 대립과 갈등을 극복하는 것 속에서 세상을 바라보고 나아가 스스로의 성장과 개선을 의도하는 것이다"(4장)라고 하였는데 이것이 의미하는 바의 초점 역시 수양에 있다. 정근표(2008)에 따르면, 특히 수양론이 성리학에서 궁극적으로 말하고자 하는 바이므로 이 점에서 태권도와 조선성리학을 비교하는 것이 매우 중요하다.

먼저 조선성리학의 수양론의 핵심 결론을 정리하자면 퇴계의 경(敬)과 율곡의 성(誠)으로 정리된다. 그 내용을 표로 정리하면 다음과 같다.

표 6.3.4. 퇴계와 율곡 철학의 비교

조선성리학의 중심	내용
퇴계의 경학(敬學)	궁리(窮理)와 거경(居敬)을 학문의 근본으로 함. '주일무적(主一無適)' 과 '정제엄숙(整齊嚴肅)', '상성성(常惺惺)', 그리고 '기심수렴(其心收斂) 불용일물(不容一物)' 을 통해 경의 정신에 도달.
율곡의 성(誠) 강조	경(敬)과 성(誠)은 수양론에 있어서 수레의 두 바퀴와 같다. '경'(敬)이란 효과를 실천하는 요체로서 하나의 과정이고 아직 도를 구하는 단계임에 반하여, '성'(誠)이란 효과를 거두어들이는 경지로서 그 결과이고 또한 도를 얻는 단계이다.

경(敬)과 성(誠)의 수양론을 더욱 상세히 이해해 보자.

먼저 경(敬)의 수양론을 살펴보겠다. 태권도기본교재(2012)에 따르면, 조선 성리학의 가장 중요한 흐름인 퇴계학은 곧 "경학(敬學)"이라고 불릴 정도로 경(敬)을 중시했다. 또한 퇴계학 이전부터 성리학 자체가 원래 궁리(窮理)와 거경(居敬)을 학문의 근본으로 하여 이른바 심학(心學)의 수양을 강조한다. 그 의미를 쉽게 풀어 말하자면 언제나 경(敬)의 자세를 갖는 일이다.(태권도기본교재, 2012, 180쪽)

이러한 경의 정신 상태에 도달하는 4가지 방법은 다음과 같다. (이완재(2001), 298쪽)

표 6.3.5. 경 수양의 방법들

실전성의 조건	내용
1) 주일무적(主一無適)	마음을 현재 하고 있는 한 가지 일에 집중하여 딴 곳으로 마음이 흩어져 가지 않게 한다.
2) 정제엄숙(整齊嚴肅)	외적인 옷매무새와 태도를 단정히 하고 엄숙하게 가진다.
3) 상성성(常惺惺)	마음이 항상 또렷이 깨어 있는 듯한 상태를 유지해야 한다.
4) 기심수렴(其心收斂) 불용일물(不容一物)	그 마음을 거두어들여 아무런 다른 생각을 용납하지 않는다.

태권도에서도 경(敬)은 일찍이 강조되어 왔다. ≪원리≫에서 말하기를, "도덕적인 생활을 하는 태권도인의 태도란 경건함 그것일 뿐인데, 경건함이란 곧 모든 것이 적절히 제자리를 지켜 이에서 벗어나지 않도록 경계하는 마음이다."(18장)라고 하였다. 즉, 태권도 수련의 중요한 방법론으로서 '경건함으로써 모든 것을 경계함'을 강조하는 것이다.

다음으로 성(誠)의 수양론을 고찰해 보자. 율곡의 성(姓)의 개념을 살펴보면, 율곡은 성실(誠實), 즉 성(誠)이 역행을 위해서 필요하다고 주장하였으며, 이 때 역행(力行)은 거경과 개념적 안팎을 이루는 실천을 의미한다. 여기서 두 가지 요점이 따라나온다. 첫째는 궁리와 거경과 더불어 강조되는 역행을 위해 필요한 성실은 율곡학의 가장 중요한 핵심이라는 것이고, 둘째는 율곡의 수양론에서 성(誠)의 공부는 매우 중요하면서 동시에 경(敬)의 공부를 필요로 한다는 점이다.(태권도기본교재, 2011)

그러므로 율곡의 입장은 다음과 같이 정리할 수 있다. "이른바 경(敬)이란 효과를 실천하는 요체로서 하나의 과정이고 아직 도(道)를 구하는 단계임에 반하여, 성(誠)이란 효과를 거두어들이는 경지로서 그 결과이고 또한 도를 얻는 단계이다. 그러므로 단지 구도(求道)의 차원에만 머무는 것이 아니라 득도(得道)를 실현하기 위해서는 성(誠)을 중심으로 하는 역행(力行)을 실천해야 한다." (황준연(1995), 127쪽) 이 내용을 표로 정리하면 다음과 같다.

표 6.3.6. 율곡 성(誠)학의 구조

율곡 성(誠)학의 구조	내용
1) 경(敬)	수양을 실천하는 요체. 하나의 과정. 도를 구하는 단계.
2) 성(誠)	수양의 효과를 거두어들이는 경지. 결과. 도를 얻는 단계.

성(誠)에 있어서도 태권도와 성리학의 기본 정신은 잘 일치한다. ≪원리≫에서 말하기를, "바른 마음가짐이란 항상 실제로 자신이 어떠하다는 것에 대한 통찰을 떠나 있지 않으니, 바로 이 점에서 태권도인이 가진 진정한 용기의 실제적인 단면이 드러난다. 그것은 실재와 당위가 하나로 합치됨이며 그 이름을 '성실'이라 한

다."(32장)하였다. 이것은 성(誠)의 개념과 일치한다.(정근표, 2008)

조선성리학에서의 수양론의 중심 개념들은 경(敬)과 성(誠)인데 이 점에서 태권도가 어떻게 일치하는지를 잘 보여주는 설명이 앞에서 제시된 내용 중 삼재강유론적 정신체계이다. 즉 태권도의 3국면적 이해에서 정신적인 면의 핵심 요소는 경(敬)이고 수련의 핵심 요소는 성실, 즉 성(誠)이다. 정신과 수련이 모여서 태권도의 기법을 이룰 때 거기에는 용기, 즉 용(勇)이 더 필요하다.

표 2.2.5. 태권도의 정신체계

구분	태권도 정신			태권도의 기법			태권도 수련		
무극	삶의 안쪽으로의 초월			일기예: 살의(殺意)			초극		
삼재	경(敬)	절제	중용	하늘: 용기	땅: 살핌	사람: 분노	성실	바름	수신
음양	의(義)		예(禮)	강(剛): 집중		유(柔): 따름	기초		응용

이러한 태권도의 체계는 경(敬)과 성(誠)의 수양론을 태권도라는 무도(武道)와 결합하여 고양시킨 체계임을 알 수 있다. 정근표(2008)에 따르면 "태권도라는 살상의 기술로 삶의 진리를 발견하여 스스로를 성장시키도록 하고 마침내는 보다 많은 사람을 행복하게 하도록 하는 것인데, 이것은 곧 수기치인(修己治人)과 같은 의미이다." 즉 정근표(2008)의 해석은 태권도가 사람을 살상하는 기

법이라는 특수성 때문에 이 수기치인(修己治人)을 이루는 구체적인 방법에 차이가 있을 뿐이며, 그 근본적인 수양의 본성에 있어서는 수기치인을 그대로 유지하고 있다는 것이다.

그러므로 다음과 같이 정리할 수 있다. 경과 성의 수양론은 인간사의 모든 수양론에 적용할 수 있는데, 태권도에서는 이러한 보편성을 수용하면서도 동시에 태권도만의 정체성이 드러나는 기법에 있어서는 용기를 추가함으로써 그 본질을 잃지 않는 것이다.

3) 퇴계의 《성학십도》 개괄

이상과 같은 내용을 가진 성리학의 한국적인 발전에서 퇴계는 그 중심이라고 말할 수 있다. 현상윤에 따르면 우리나라의 성리학계는 이황과 이이를 중추로 한 2대 학파로 형성되는데(현상윤, 1948, 98쪽) 이 중에서 율곡 학파는 퇴계 학파의 이론에 대한 비판으로 시작되므로 곧 퇴계학파를 시발점으로 갖는다고 볼 수 있겠다.

퇴계철학의 정수는 《성학십도》이다. 《성학십도》는 퇴계가 1568년에 17세의 소년 임금 선종(宣宗)에게 학문과 수양의 핵심과 요령을 간명하게 정리하여 드렸던 책자이다. 성학(혹은 유학)의 방법과 체계를 가장 집약적이고 함축적으로 구성한 것이라고 할 수 있다.(금장태, 2002, 303쪽)

이러한 10개의 도상은 그 전체가 퇴계 자신의 작품인 것은 아니다. ≪성학십도≫에서의 퇴계의 철학은 10개의 도상을 선택해 내고 거기에 덧붙인 3개의 도상, 그리고 그 도상들에 대한 해석을 덧붙인 내용 속에 있다고 볼 수 있다.(박준석, 2004, 181쪽)

금장태(2002: 26쪽), 박준석(2004; 180~181쪽), 최영렬과 정근표(2010)에 따르면 그 내용은 다음과 같이 개략적으로 정리할 수 있다.

표 6.3.7. 성학십도의 내용 개괄

성학10도	각 그림의 내용
1) 태극도(太極圖)	우주의 궁극적 존재인 '태극'에서 음양·오행을 거쳐 인간과 만물이 생성되어 나오는 과정을 제시
2) 서명도(西銘圖)	상하 2개의 도식으로 구성되어 있음. 윗 그림은 하나의 리가 사물에 따라 나뉘어 나타나는 것을 변별하는 것이고, 아래 그림은 어버이를 극진히 섬김으로써 하늘을 섬기게 되는 도리를 밝히는 것
3) 소학도(小學圖)	『소학』의 체계를 퇴계가 도상화한 것
4) 대학도(大學圖)	권근(勸近)이 『대학』의 경1장을 도상화한 것
5) 백록동규도 (白鹿洞規圖)	주자가 백록동서원의 학도들에게 학규로 제시하였던 '백록동규'를 퇴계가 도상화함.
6) 심통성정도 (心統性情圖)	퇴계의 사단칠정(四端七情)에 대한 해석이 집약되어 있는 도설
7) 인설도(仁說道)	사덕(四德)의 근본이 되는 인(仁)의 의미와 실현 양상을 밝힘.
8) 심학도(心學圖)	마음이 몸의 주재요 경(敬)이 마음의 주재를 이루는 구조를 밝힘. 즉 심학(心學)이 경(敬)을 근본으로 하는 것임을 밝힘.
9) 경재잠도 (敬齋箴圖)	마음(心)을 그림의 중심에 놓고 인간의 모든 행동 속에서 경을 실천하는 태도를 제시함.
10) 숙흥야매잠도 (夙興夜寐箴圖)	'경敬'을 그림의 중심에 놓고 새벽부터 밤까지 모든 순간마다 경敬으로 일관하도록 요구하는 내용.

4) 삼재강유도와 태극도

태권도의 본질 이해는 그 무예적 본질에서 출발해야 하는데, 무예의 본질은 신체적 공방의 효율성이라고 말할 수 있다. 즉 더 구체적으로 말하자면 공방의 효율성을 추구하고 실질적으로 이를 달성한 인간의 행위, 혹은 그런 인간의 행위에 의해서 구현되는 것이 곧 무예이다.(최영렬, 2008) 따라서 무도로서의 태권도의 정의는 "자신과 상대와의 극단적인 생존의 대립관계를 세상 안에 설정하거나 가정하고 정신적·육체적 활동을 통해 그 대립관계를 극복하는 가운데 인간의 조화된 성장과 개선을 지향하는 활동양식"이라는 것이다.(이창후, 2000, 4장)

한편 태권도 철학에 대한 지금까지의 태권도학자들의 논의의 가장 중요한 결론은 그 핵심이 하늘·땅·사람의 삼재(三才)가 중심 개념이어야 한다는 것, 즉 삼재론(三才論), 혹은 삼원(三元)철학이 태권도 철학의 중심에 있어야 한다는 것이다.(정근표, 2011; 정준수, 2005; 김기홍 외, 2007) 등도 '한'철학과 하늘·땅·사람의 삼재 개념이 태권도 철학과 그 핵심 개념이라고 말한다. 실제로 〈국기원〉이나 태권도기본교재(2012)의 내용을 보면 도·역·법이나 음양·강유·허실과 같은 여러 개념이 삼원적인 틀에서 논의되고 있다.

이러한 태권도 철학의 집약체가 삼재강유도이다. 삼재강유도는 흔히 《성학십도》의 제1도인 태극도와 비교된다. 《성학십도》

의 10도 중 첫째인 태극도는 천도를 설명하는 것으로서 가장 이해하기 어려운 도표로 평가된다. 태극도설은 '하늘과 인간'(天人)의 문제로 이해하는 퇴계의 관심을 드러내고 있는데(금장태, 2002, 7쪽) 주렴계의 태극도설에 이어서 주자는 그 내용을 쉽게 설명하는 태극을 인간의 본성으로 축소하여 설명하고 있다.

태극도설의 원도(原圖)는 다음의 그림과 같다.

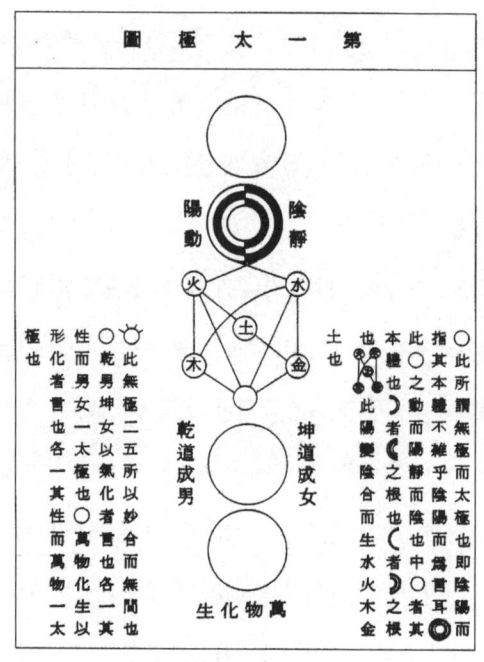

그림 16. 성학십도 제 1도 태극도

퇴계가 태극도에서 발견하고 있는 철학적 주제는 '하늘과 인간'

의 문제이다. 그러므로 퇴계는 태극도의 도설(圖說)의 주(註)에서 "음양동정(陰陽·動靜)이 심(心)이다."라고 했던 주자의 말에 근거하여 천인(天·人)의 상응구조를 다음과 같이 더욱 구체적으로 제시하였다. "천지(天地)의 태극이 사람에서는 곧 성(性)이요, 천지의 동정음양(動靜·陰陽)이 사람에서는 곧 심(心)이요, 천지의 금목수화토(金木水火土)는 사람에서는 곧 인의예지신(仁義禮智信)이요, 천지의 화생만물(化生萬物)은 사람에게서는 곧 만사(萬事)이다."(금장태, 2002, 8쪽) 이를 통해 볼 때 퇴계가 태극도에서 발견하고 있는 철학적 주제는 '하늘과 인간'의 문제임을 알 수 있다. (최영렬·정근표, 2010)

≪성학십도≫의 제1도인 태극도는 예로부터 논리적으로 난해한 내용으로 간주되었다. 주렴계가 무극(無極)이 태극(太極)이라고 한 말로도 그 내용의 이해가 어렵다는 사실을 알 수 있다. 인간의 단순한 생각으로는 알 수 없는 형이상(形而上)의 세계를 인정하려는 것이 태극에 관한 설명에서 조금씩 엿보이고 있다. 따라서 태극도설의 저술 속에는 너무 넓고 높아 광활한 세계, 인간의 능력으로는 알 수 없는 모든 사물의 원리를 분명 무극이라고 그렇게 표현할 수밖에 없었던 고민이 깊이 잠재하여 있었을 것이다.(박준석, 2004, 182쪽)

최영렬과 정근표(2010) 및 조성훈(2013)에 따르면 태극도와 삼재강유도의 차이점과 공통점은 다음과 같다.

표 6.3.8. 태극도와 삼재강유도 비교

구분	태극도와 삼재강유도 비교 내용
공통점	①무극에서부터 시작해서 이후의 존재들이 일련의 순서대로 발생하는 관계와 순서를 보여준다. ②태극과 음양을 중심으로 그림이 구성되어 있다. ③무극이 태극의 근본이 되는 점(太極本無極也)은 동일하다. ④모든 것이 하나로 귀일(歸一)한다는 일원론적 사고를 보여준다.
차이점	①삼재 포함 여부에 따라서 형이상학적 존재론의 차이를 보여준다. ② 논리적 전개 구조도 서로 다르다. ③ 도상 안에서 설명하는 영역이 다르다.
비교의 의미	①삼재강유도는 기법의 원리만을 보여주면서도 동시에 태권도의 정신체계를 같이 보여줄 수 있다는 점에서 태극도와 비교해서 이론적 장점이 있다. ②삼재강유도를 통해서 태권도는 성리학과 비교될 수 있는 학문적 체계를 갖출 수 있다. ③삼재강유도를 통해서 태권도 철학의 정체성과 논리성 및 체계성이 공고해진다.

5) 태권도와 사단칠정론

사단칠정론(四端七情論)은 한국 성리학의 가장 독창적인 부분으로 인정받는다. 사단칠정론의 논쟁은 사단과 칠정에 대한 추만 정지운의 설명에 대해 퇴계가 수정한 대목에 대해 고봉 기대승이 이의를 제기하면서 시작되었다.(정대환, 1992, 30쪽)

사단칠정론은 인간의 도덕적 근거에 대한 어려운 물음을 논의하는데 주리론적 입장과 주기론적 입장의 대립을 통해서 발전하였다. 그 핵심적인 내용은 다음과 같다.

표 6.3.9. 태권도 철학에의 사단칠정론(사칠론) 적용〉

(이창후, 2010: 태권도기본교재, 2012, 178쪽)

태권도 철학과 사칠론		내 용
태권도 철학에서 사칠론의 물음		태권도 기법이 옳고 바르게 되는 존재론적 근거는 무엇인가?
태권도 철학에서의 논의의 방향	주리론적 논의	기법의 정확성: 삼재강유의 원리에 근거 기법의 잘못: 개인의 특질과 실수에 근거
	주기론적 논의	기법: 삼재강유와 개인의 신체활동의 결합 기법의 성패: 개인의 신체활동의 적절성 여부에 의해 결정됨.

4. 태권도와 불교철학

1) 불교 철학의 기본 이해

불교 철학에 대한 기본 내용을 요약하면 다음과 같다.

- 불교의 역사: 2500여 년
- 불교의 영향 범위: 인도, 파키스탄, 네팔, 아프가니스탄,

중국, 한국, 일본, 베트남, 스리랑카, 미얀마, 태국, 라오스, 캄보디아 등의 나라들을 포괄한다.

- 불교의 실체: 교주(敎主), 교의(敎義), 교도조직(敎徒組織), 청규계율(淸規戒律), 정감적 체험 등의 종합체이다.(방립천(1992), 15쪽)
- 각 문화권 별 불교의 공통점: 불교의 삼보(三寶), 즉, 불(佛), 법(法), 승(僧)의 세 가지.
- 불교의 목적: 삶에서의 괴로움과 그 원인, 그 괴로움의 소멸, 그 소멸에 이르는 길에 대한 이해. 석가모니는 말하기를, "내가 출가한 것은 병듦이 없고 늙음이 없고, 죽음이 없고, 근심 걱정 번뇌가 없고, 지저분함이 없는 가장 안온한 행복의 삶(涅槃)을 얻기 위해서였다."라고 하였다.(『중아함경(中阿含經)』 권 56, 「라마경(羅摩經)」)

"원시 불교"라고도 불리는 초기 불기의 핵심 교리는 사제설(사성제설), 연기설, 삼법인의 셋으로 요약된다.

먼저 사성제의 핵심을 설명하면 다음과 같다. 사성제(四聖諦)는 팔정도(八正道)를 포함하기 때문에 사성제와 팔정도를 묶어서 "사제팔정도(四諦八正道)"라고도 부른다.

표 6.4.1. 사성제 요약

사성제	내용
① 고제(苦諦)	인생은 고(苦)라는 깨달음이다.
② 집제(集諦)	고통의 원인이 번뇌(무지와 욕망, 집착)라는 깨달음이다.
③ 멸제(滅諦)	고통이 소멸된 상태가 이상경이라는 깨달음이다.
④ 도제(道諦)	여덟 가지 올바른 실천이 고통을 소멸하는 참된 진리이며 방법이라는 깨달음이다. 이 도제로서의 여덟 가지 실천은 "팔정도(八正道)" 라고 불린다.

팔정도는 불교적 수행에 있어서 취해야 하는 총괄적이고 기본적인 태도를 여덟 가지로 이야기한 것이다. 팔정도의 내용은 다음과 같다.

표 6.4.2. 팔정도의 핵심 요약

사성제	내용
1) 정견(正見)	정견은 '바로 봄'을 뜻하며 곧 올바른 견해를 갖는 것을 말한다.
2) 정사유(正思惟)	정사유는 '올바른 생각'을 뜻한다. 자신의 입장을 바르게 생각하는 것, 현실을 있는 그대로 보고 이치에 맞게 생각하는 것이 정사유이다.
3) 정어(正語)	정어는 '진실되고 올바른 언어생활'을 말한다.
4) 정업(正業)	정업은 '올바른 행위'를 말한다. 살생이나 도둑질 따위의 악한 행위를 하지 않고 선한 행위를 하는 것이 정업이다.

5) 정명(正命)		정명은 '올바른 생활 수단'을 말하는 것으로, 바른 견해에 입각한 전체적인 생활에 있어 바른 몸가짐과 마음가짐을 실천하는 것이다.
6) 정정진(正精進)		정정진은 '올바른 노력'을 의미하며, 한 마음으로 노력해 나가는 것을 뜻한다.
7) 정념(正念)		정념은 '올바른 정신과 생각'을 의미하는데, 사념을 버리고 항상 향상을 위하여 정신을 집중시키는 것을 뜻한다.
8) 정정(正定)		정정은 '바르게 집중한다'는 말로서, 마음을 한 곳에 모으는 것이다.

    삼법인설(三法印說)은 "제행무상(諸行無常)(모든 행(行:사물과 현상)은 무상하다), 제법무아(諸法無我)(모든 법은 자아가 없다), 적정열반(寂靜涅槃)(열반은 적정하다)"의 설이다.(『잡아함(雜阿含)』, 권 10) 여기에 '일체개고(一切皆苦)(일체는 괴로움이다)'를 다시 합하여 사법인(四法印)이라 할 때도 있다.(『증일아함(增一阿含)』, 권 18) 그 상세한 내용은 다음과 같다.

표 6.4.3. 사법인설 요약

사법인설	내 용
1) 제행무상 (諸行無常)	세간의 모든 현상은 변화무쌍해서 세상에는 고요히 상주하거나 영원불변한 사물이 없다는 말이다.
2) 제법무아 (諸法無我)	일체의 존재가 독립적이고 불변하는 실체나 주재자가 없어서 모든 사물에 주재 작용을 일으키는 자아나 영혼이 없다는 뜻이다.

3) 일체개고 (一切皆苦)	제행무상과 제법무아로 인해서 모든 것이 괴로움임을 뜻한다.
4) 적정열반 (寂靜涅槃)	번뇌를 멀리 떠나고, 상(相)에 대한 얽매임을 끊으며, 고요하게 항상 있는 것이다. 이 적정열반은 불교의 궁극적 이상이며, 불교의 모든 분파에서 중요하게 논의되는 문제이다.

초기 불교 교리의 핵심인 사성제의 이론적 기초가 연기설(緣起說)이다. 연기설 중에서 가장 중요한 것은 12연기설인데, 이것은 번뇌(煩惱)로부터 고(苦)에로의 인과관계를 도식화한 것이다.(태권도기본교재, 2012, 185쪽)

이 밖에도 불교 교리를 구성하는 이론적인 요소들은 더 있다. 예를 들어 불교 교리를 공부하면 색수상행식(色受想行識)이라는 오온(五蘊)이나 탐진치의 3독(毒), 그리고 12처(處), 윤회(輪廻), 법(法) 등의 이론적인 개념들을 만나게 될 것이다. 하지만 이런 요소들은 모두 사성제를 중심으로 한 초기 불교의 핵심 내용을 설명하기 위한 기초 이론으로서 불교 교리의 곁가지라고 할 수 있다.(태권도기본교재, 2012, 186쪽)

2) 불교와 태권도의 철학적 비교

불교 철학과 태권도 철학에 대한 핵심 내용들을 비교하자면 다음의 표6.4.4.와 같다.(태권도기본교재, 2012, 193쪽)

표 6.4.4. 불교 철학과 태권도 철학의 비교

구분	불교	태권도
목적	행복(마음의 평화) - 고통으로부터의 해방	(행복을 위한) 안전 - 위험으로부터의 해방
수단	깨달음과 수도	기법의 이해와 수련
진상	고통의 원인: 만물의 공(空)함 + 무지	위험의 원인: 생활의 근본적 투쟁성 + 무지
진리	법(法)	도(道)
기초이론	삼법인과 12연기설	인간의 생존투쟁설
실천적 교리	사성제 (도제가 곧 8정도가 됨)	정신, 기법, 수련의 3국면론 (기법론이 삼재강유론이 됨)
수련방법	화두를 가진 참선	문제의식을 가진 반복수련 (동선(動禪))
법칙성	법 = 연기설	도 = 인간의 자연성

(1) 목적: 불교의 목적은 병듦이 없고 늙음이 없고, 죽음이 없고, 근심 걱정 번뇌가 없고, 지저분함이 없는 가장 안온한 행복의 삶(涅槃)을 얻기 위한 것, 즉 고통으로부터의 해방이다. 한편 태권도의 목적은 안전, 곧 "위험으로부터의 해방"이다.(태권도기본교재, 2012, 193-194쪽)

(2) 수단: 불교가 추구하는 영원한 행복, 혹은 궁극의 행복을 달성하는 수단은 깨달음과 수도이다. 안전을 목적으로 하는 태권도의 수단과 방법이 곧 태권도 기법의 이해와 수련이다. 그리고 태권도 기법의 이해와 수련은 삼재강유로 요약된다.(태권도기본교재,

2012, 194쪽)

이와 관련하여 ≪삼재강유론≫에서는 "스스로 하고자 하는 바를 지키는 속에서(사람의 길) 자신의 모든 것을 제 나름의 자리에 두고(하늘의 길) 상대를 세계와 대립시키면서 자신은 그 속에 조화된다(땅의 길) - 태권도를 하면서 이와 같은 〈인중천지일〉을 얻을 수 있게 되면 더 이상 무엇을 바랄 수나 있겠는가?"(5장7절)라고 말한다.

(3) 진상(眞相)과 기초 이론: 불교에서 말하는 진상은 만물의 공(空)함이다. 한편 태권도의 진상은 삶 자체 안에서 생존투쟁은 불가피하게 생겨나고 이로 인해서 폭력적 위협상황이 발생한다는 것이다. ≪철학적 원리≫에서는 "어떤 모습으로든 사람의 삶 속에는 긴장과 대립이 있게 마련이며 이를 극복하는 과정이 없는 삶이란 있을 수 없다"(4장)라고 말한다. 또한 ≪심경≫에서는 "삶의 근저를 꿰뚫어보고 그 바탕에 항상 어떤 위험이 있을 수밖에 없음을 알아서 그에 대한 준비를 한다. 그리하여 태권도가 시작되고 태권도인의 마음이 시작된다. 그리고 태권도인의 삶이 달라진다." (6장28절)라고 하였다.

(4) 실천적 교리: 불교의 실천 교리는 사성제, 곧 고집멸도(苦集滅道)이며 그 속에 8정도가 들어 있다. 이에 상응하는 태권도의 실천적 교리는 곧 정신·기법·수련의 3국면이다. 그리고 정신·기법·수련의 각 국면에 삼재강유의 틀이 내재되어 있다.(태권도기본교

재, 2012, 196쪽)

(5) 수련 방법: 불교의 수련방법은 '화두를 가진 참선'으로 설명될 수 있고 태권도는 '문제의식을 가진 반복수련'으로 정의될 수 있다.(태권도기본교재, 2012, 196쪽) 문제의식이란 "어떻게 상대를 제압할 것인가?"하는 것이다. 정확한 초점이 없는 수련은 효과가 없다. 그리고 태권도 수련의 핵심은 반복숙달이다. 그러므로 ≪심경≫에서는 다음과 같이 말한다. "태권도를 수련하고자 하는 초보자에게 필요한 것은 하나뿐이다. 기본 동작을 수 천 수 만 번 반복하는 것이다. 수없이 많이 반복하는 속에서 깨닫게 된다.(1장9절)

수없이 반복하는 속에 깨닫는 것은 곧 동선(動禪)이기도 하다. 태권도 수련을 하다 보면 처음에는 여러 가지 생각이 많이 들지만, 어느 정도 반복숙달의 경지에 이르면 무념무상(無念無想)의 경지에서 공방을 수행한다. 물론 그것은 한 순간의 현상이다. 이것이 태권도의 깨달음의 모습이다.(태권도기본교재, 2012, 197쪽)

(6) 진리와 법칙성: 불교의 진리를 '법'(法)라고 부르며, 태권도의 진리는 '도(道)'라고 부른다.

〈철학적 원리〉에서는 다음과 같이 말한다. "사람이 생겨남에 있어서 그 몸과 마음을 가지고 나는 것은 필연적인데, 그 몸과 마음을 한가지로 씀에 있어서는, 사람이 있기 전부터 만물을 다스려 온 원리를 따르지 않고는 바르게 쓸 수 없다. 사람이 몸과 마음을 한가지로 조화롭게 써서 삶을 살아가는 이런 바른 길"이 곧 태권

도인 것이다.(1장)

(7) 초월의 차이점: 불교적 초월은 인생의 무상함을 깨닫고 수행을 통해서 윤회에서 벗어나고자 하는 것이다. 한편 태권도의 초월은 '삶의 안쪽으로의 초월'이다. 곧 그것은 자신과 가족의 삶의 보존하는 것이다.(태권도기본교재, 2012, 198쪽)

태권도 철학·원리 집요
跆拳道哲學·原理 輯要 }

참고 문헌

- 금장태(2002), 「『성학십도』와 퇴계 철학의 구조」, 서울대학교출판부
- 국기원(2000), 『국기 태권도교본』, 오성출판사.
- 국기원(2006), 『태권도 교본』, 오성출판사.
- 국기원(2011), "태권도 원리", 『2급 태권도 지도자 연수 교재』, 국기원,
- 국기원(2011a), "태권도 겨루기론", 『3급 태권도 지도자 연수 교재』, 국기원,
- 김기홍·한국선·김동규(2007), 『태권도의 역사철학적 탐구』, 영남대학교출판부.
- 김부찬(2006), 『한국 전통무예의 체육철학』, 신아출판사.
- 방립천(方立天)/유영희 역(1992), 『불교철학개론』, 민족사.
- 박준석(2005), 『한국 무예학통론』, 백산출판사.
- 서민학(2007), "태권도에서의 삼재와 강유의 패러다임 분석",
  『태권도학 연구(1)』(태권도문화연대 편(2007)), 도서출판 상아기획, 논문 9.
- 손자/김광수 해석 및 집주(1999), 『손자병법』, 책세상.
- 송형석·나채만(2011), 『태권도의 철학적 탐구』, 한국학술정보(주).
- 송형석·이규형(2005), "태권도 개념의 정의에 관한 연구", 한국체육학회지,
  44(3), 57-67.
- 예만기(2006), "한국인의 정체성에 관한 연구", 석사학위 논문,
  국제평화대학원 대학교.
- 유초하(1996), "관학파·조선 성리학의 이론적 정초",
  『조선유학의 학파들』(한국사상사연구회(1996)), 예문서원.
- 이경명(2002), 『태권도의 바른 이해』, 도서출판 상아기획.
- 이근철(2011), 『천부경 철학연구』, 도서출판 모시는 사람들.
- 이완재(2001), 『공자에서 퇴계까지』, 이문출판사.
- 이종태(1996), "전기사림파·도학적 실천 정신의 착근", 『조선유학의 학파들』
  (한국사상사연구회(1996)), 예문서원.
- 이창후(2000), 『태권도의 철학적 원리』, 서울: 지성사.

참고 문헌

- 이창후(2003),『태권도의 삼재강유론』, 도서출판 상아기획.
- 이창후(2003a),『태권도 현대사와 새로운 논쟁들』, 상아기획.
- 이창후(2003b), "태권도 교류 확대와 태권도 철학의 발전 방향", 제5차 태권도 세계화 포럼.
- 이창후(2007),『태권도심경』, 도서출판 상아기획.
- 이창후(2007a), "태권도의 철학적 이해",『태권도학 연구(1)』(태권도문화연대 편(2007)), 도서출판 상아기획.
- 이창후(2007b), "태권도의 철학과 사상, 그리고 정신",『태권도학 연구(1)』(태권도문화연대 편(2007)), 도서출판 상아기획.
- 이창후(2007c), "태권도학의 체계 연구",『태권도학 연구(1)』(태권도문화연대 편(2007)), 도서출판 상아기획.
- 이창후(2007d), "태권도와 조선성리학",『태권도학 연구(1)』(태권도문화연대 편(2007)), 도서출판 상아기획.
- 이창후(2007e), "태권도 품새의 기초 이론",『태권도학 연구(1)』(태권도문화연대 편(2007)), 도서출판 상아기획.
- 이창후(2010),『영화로 읽는 윤리학 이야기』, 새문사.
- 이창후(2010a),『태권도 현대사와 새로운 논쟁들(개정판)』, 도서출판 상아기획.
- 이창후(2010b), "태권도 철학과 사단칠정론(四端七情論)"
- 이창후(2011), "무도의 본질과 무도학의 정체성", 2011년도 대한무도학회 춘계학술 세미나(2011, 6), 대한무도학회.
- 이창후(2012), "태권도 기법의 팔괘 분석론",『국기원태권도연구』제3권 제2호(2012, 11), 113-136쪽)
- 이창후·서민학(2007), "무예 이해를 위한 보편개념에 관한 연구",『태권도학 연구(1)』(태권도문화연대 편(2007)), 도서출판 상아기획.

참고 문헌

- 이황/이광호 역(2001), 『성학십도』, 홍익출판사.
- 정근표(2008), "조선 성리학적 접근을 통한 태권도 본질 연구" 경희대학교 박사학위 논문.
- 정근표(2011), "한국 태권도 철학의 과제와 삼원(三元)철학", 태권도과학, 2011년, 제4권 제1호, -11, 경희대학교 부설 스포츠과학연구원.
- 정대환(1992), "정지운과 사칠 논쟁의 발단", 사단칠정론(四端七情論), 민족과 사상 연구회 편, 서울: 서광사.
- 정석현(2011), 『태권도학의 체계와 연구방법』, 레인보우 북스.
- 정준수(2005), 『태권도 정신 및 경기기술』, 보성출판사.
- 최동환(2011), 『천부경』, 지혜의나무.
- 최영렬(1990), 『태권도 겨루기론』, 삼학출판사.
- 최영렬(2008), "태권도와 성리학의 수양론적 본질연구", 『한국체육과학회지』, Vol.17 No.3, (2008), 53-65쪽.
- 최영렬,정근표(2010), "태권도 철학과 성리학의 연관성에 관한 고찰: 태극도와 삼재강유도를 중심으로", 『태권도과학』, Vol.3 No.1(2010), 13-22쪽.
- 태권도기본교재(2012), 『태권도와 인문과학』, 발행처: 국기원.
- 태권도기본교재(2012a), 『태권도 기술』, 발행처: 국기원.
- 현상윤(1948), 『조선유학사』, 민중서관.
- 황준연(1995), 『율곡 철학의 이해』, 서광사.

태권도 철학·원리 집요
跆拳道哲學·原理 輯要